KB007298

상위 1%가
알려주는
다마스퀵 실무

상위 1%가 알려주는 다마스퀵 실무
다마스퀵의 고수는 무엇이 다른가

초판 1쇄 인쇄 2021년 10월 15일
초판 1쇄 발행 2021년 10월 28일

지은이 전효진
펴낸이 구난영
경영총괄 이충석
펴낸곳 도슨트

주소 경기도 파주시 산남로 183-25
전화 070-4797-9111
팩스 0504-198-7308
이메일 docent2016@naver.com

ISBN 979-11-88166-34-3 (13320)

상위 1%가
알려주는
다마스퀵 실무

다마스퀵의 고수는 무엇이 다른가

전효진(일프로) 지음

도슨트

프롤로그

2019년 8월 1일부터 30일까지 제 통장에 입금된 내역은, 믿기지 않겠지만 수수료 23%를 제외하고 약 800만원입니다. 퀵 사업으로 이 정도의 수입을 올린다면 업계의 1%에 속합니다. 똑같은 다마스를 갖고 한 명이 한 달 일을 할 때 어떻게 일하느냐에 따라 매출은 크게 달라집니다. 빈손으로 출근해서 높은 매출로 퇴근할 때 가족에게 뭔가 해줄 수 있다는 것에 감사하고 스스로에 대한 자부심을 갖게 됩니다.

어떤 일이든 새로 사업을 시작할 때 자신에 대한 믿음과 의지가 중요합니다. 그러나 현실적으로 더 중요한 것은 사업의 본질을 정확히 알고 소위 '일머리'를 터득하는 것입니다. 일머리는 눈칫밥이나 공부머리와는 다른 차원입니다. 일머리는 효율적인 방법을 찾는 기술입니다. 기술이 쌓이면 지혜가 생기기 마련이고, 지혜가 쌓이면 안정적으로 수입을 꾸준히 올리면서 업계 1%의 수준을 유지할 수 있습니다.

이 책에서 소개하는 다마스퀵 사업에 관한 저만의 노하우를 숙지하신다면 당신도 분명 1%가 될 수 있다고 자신 있게 말할 수 있습니다. 제가 직접 시행착오를 겪으면서 몸으로 깨달은 내용이며 지금 업계의 현실을 생생하게 반영하고 있습니다. 다마스퀵으로 재기를 준비하시거나 또 다른 도전을 시작하시는 분들에게는 이 책의 내용이 충실한 가이드가 되리라 생각합니다.

대부분의 기사님이 노동력에 비해 낮은 매출로 일하는 것을 힘들어하지만, 그 어디에서도 체계적으로 퀵서비스의 시스템과 노하우를 알려주는 곳이 없습니다. 이 책을 통해 제가 가진 노하우를 활용한다면 높은 매출을 올림으로써 자부심을 품고 퇴근할 수 있으리라는 확신이 있습니다. 새롭게 다마스퀵 사업을 준비하시는 분들을 비롯해 동종업계에 종사하시는 모든 기사님의 건투를 빕니다.

차례

주요 용어 설명

인성, 로지, 손자, 전국24시콜화물

퀵서비스 어플의 이름입니다. 일종의 백화점이라고 생각하시면 됩니다. 퀵사무실은 백화점에 입점해 있는 상가에 비유할 수 있습니다. 각 퀵사무실은 콜을 기사에게 배차해서 수수료를 이익으로 취합니다. 따라서 이익을 높이기 위해서 잘 팔리는 백화점에 입점합니다. 백화점마다 상가가 제각각이듯이 퀵사무실도 백화점마다 다릅니다. 백화점마다 입점해 있는 퀵사무실의 수와 비례해서 콜 수량의 차이가 있습니다.

어플의 이름

A퀵사무실	A퀵사무실	G퀵사무실	M퀵사무실
B퀵사무실	B퀵사무실	H퀵사무실	N퀵사무실
C퀵사무실	C퀵사무실	I퀵사무실	O퀵사무실
D퀵사무실	D퀵사무실	J퀵사무실	P퀵사무실
E퀵사무실	E퀵사무실	K퀵사무실	Q퀵사무실
F퀵사무실	F퀵사무실	L퀵사무실	R퀵사무실
인성백화점	로지백화점	손자백화점	전국24시콜화물

인성1, 인성2

PDA(핸드폰) 1대에 화면 분할하여 위에는 인성1, 아래는 인성2로 구분합니다. 인성백화점 1호점과 2호점으로 생각하시면 됩니다. 퀵사무실에서는 인성백화점 1호점이나 2호점에만 각각 입점할 수 있고, 1, 2호점에 동시에 입점할 수도 있습니다. 인성1 아니면 인성2의 콜이 겹치지 않는 이유는 대부분의 퀵사무실에서 인성1에만 콜을 띄우거나 인성2에만 콜을 띄우기 때문입니다. 참고로 PDA 1대에 인성1, 2를 화면 분할해서 쓰는 것이 좋습니다. 퀵사무실 한 곳에서 인성1, 2를 같이 쓰는 것은 비추천입니다. 출근비를 인성1+인성2 같이 내야 하는데 하나의 퀵사무실에서 나오는 콜은 한정적이기 때문에 비효율적입니다. 인성1은 A퀵사무실, 인성2는 B퀵 사무실, 이렇게 등록하시는 것이 좋습니다.

자사기사

A퀵사무실에 소속된 1번, 2번, 3번 기사
B퀵사무실에 소속된 4번, 5번, 6번 기사
오더창에 @표시가 없음(9쪽 사진 참조)

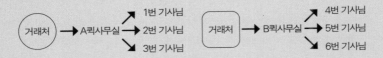

공유기사

1번, 2번, 3번 기사가 B퀵사무실 콜을 잡았을 때
4번, 5번, 6번 기사가 A퀵사무실 콜을 잡았을 때
내가 속한 퀵사무실 이외의 모든 콜이며 @로 표시됨(9쪽 사진 참조)

출근비

기사가 PDA에 가령 인성어플만 설치했다고 해서 콜을 잡고 수행할 수 없습니다. 퀵사무실에 기사등록을 해야 콜을 볼 수 있고 수행이 가능합니다. 기사가 퀵사무실에 등록하면 하루에 일정 금액을 출근비 명목으로 돈을 냅니다. 퀵사무실마다 출근비는 500원, 1000원, 1500원 등 차이가 있습니다. 어플을 실행하지 않거나 일을 하지 않아도 하루에 빠짐없이 출근비는 발생합니다. 출근비는 적립금에서 자동으로 차감되는 시스템입니다.

적립금(인성어플의 경우)

콜을 수행 완료 후 자동으로 수수료 23%가 빠지게 되어 있습니다. 퀵사무실마다 적립금은 3만원, 5만원, 10만원 등 차이가 있습니다. 적립금이 있는 이유는 10만원 콜을 완료하는 순간 수수료 23%가 빠져나가야 하는데 선불이나 착불일 경우 현장에서 현금으로 받기 때문입니다. 따라서 콜이 완료되는 순간 수수료가 자동으로 빠져나갈수 있게 적립금을 미리 선입금해 놓습니다. 적립금이 2만 2천원일 경우 10만원 콜을 잡아도 배차가 되지 않습니다. 수수료가 2만 3천원으로 1천원이 부족하기 때문입니다. 따라서 적립금 확인은 매일매일 필수적으로 확인해야 합니다.

수수료(인성어플의 경우)

10만원 콜을 수행시 배송완료를 하면 개인 가상계좌에 수수료 23%가 자동으로 차감되고 77,000원이 입금 됩니다.

탁송료

콜의 내용이 "수송동에서 픽업 후, 고속터미널 부산 탁송 2BOX, 25,000원, 탁송료는 영수증을 사무실에 보내면 넣어드립니다"라고 되어 있을 경우 여기서 25,000원은 수송동에서 고속버스터미널 배송 요금이고, 고속터미널에서 부산까지 요금은 기사가 미리 내고, 그 돈을 수수료 없이 받아야 되는 경우입니다.

탁송료의 '탁송'은 '부탁하여 보낸다'는 뜻으로 위탁배송이라는 뜻입니다. 탁송료는 탁송에 필요한 돈을 기사가 지불했기 때문에 여기에 대해 수수료 23%가 빠지면 안 됩니다.

관제

어플 및 퀵사무실 등록시 기사의 위치정보를 공유하게 되어 있습니다. 콜을 수행할 때 퀵사무실에서는 기사의 실시간 이동 위치를 모니터를 통해 확인할 수 있는데 이를 일컬어 관제라고 합니다.

픽업 버튼

콜을 잡고 픽업지에 이동해서 물건을 픽업할 때 픽업 버튼을 누르면, PDA상 기사가 물건을 픽업했다고 뜹니다. 픽업 버튼 누르는 시점은 달라질 수 있습니다. 담당자를 만났을 때 누르거나 물건을 다 상차하고 누르거나 상황에 따라 다릅니다.

예) 콜을 잡고 픽업지에 10분 만에 도착해서 픽업을 누를 경우 전산상 10분으로, 콜을 잡고 픽업지에 10분 만에 도착, 물건 상차 20분 후 누를 경우 전산상 30분으로 잡힙니다. 나중에 문제가 생길 때 증명할 수 있는 것은 말이 아니라 전산 기록입니다.

완료 서명

물건을 배송 완료한 후 도착지 서명란에 완료 서명을 하면 배송이 완료됩니다.

합짐

픽업지와 도착지가 비슷한 콜을 묶어서 배송

A픽업지, B픽업지는 가까워야 하고, A도착지, B도착지도 가까워야 합니다. 배송료는 각각이며, 합짐은 기사의 능력으로 해야 합니다.

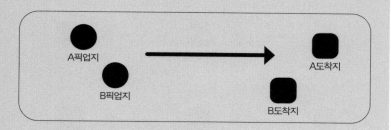

경유

경유는 콜사무실에서 주관합니다. 한 곳에서 픽업 후 두 군데로 배송하는 경우와 픽업이 두 군데여서 한 곳으로 배송하는 경우가 있습니다. 배송료가 3만원일 때 경유는 3만5천원~4만5천원 정도 나옵니다.

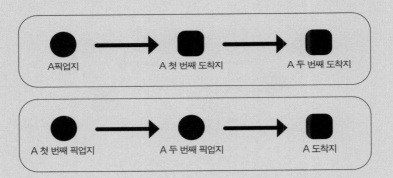

신용

퀵사무실과 화주(의뢰인)의 결제가 완료가 된 콜로 기사가 신용콜을 수행하고 완료하는 순간 수수료 23%를 제외한 금액이 기사의 가상계좌에 바로 입금됩니다.

칼질

화주(의뢰인)가 퀵사무실에 의뢰한 배송료의 일부분을 취득하고 나머지 요금으로 퀵기사에게 콜을 띄우는 것입니다. 모든 퀵사무실이 칼질을 하지 않습니다. 극히 일부 퀵사무실에서 관행처럼 하는 일입니다. 화주가 10만원을 퀵사무실에 입금하고 퀵사무실에서는 7만원에 콜을 띄웁니다. 칼질 3만원 + 16,100원(7만원의 수수료 23%) = 46,100원일 경우, 퀵사무실에서는 23,000원이 아닌 46,100원이 수익이며 기사 입장에서는 77,000원이 아닌 53,900원이 수익입니다. 칼질은 선불이나 착불에서 거의 이루어지기 힘들고, 신용 건에서 발생합니다. 퀵사무실과 화주와 신용거래 결제는 주결제나 월결제일 수가 있습니다. 화주와는 정상 요금으로 월결제를 받고, 건당 콜은 기사에게 칼질을 한 콜을 띄우는 구조라서 기사 입장에서 칼질을 당했는지 확인할 길은 어렵습니다.

선불

출발지 혹은 화주(의뢰인)가 배송료를 현금으로 주는 것입니다. 기사는 배송료를 받고 출발하는 게 최고 좋으며, 부득이할 경우 배송 도착 20분 전에는 계좌이체라도 꼭 받으셔야 합니다.

착불

도착지에서 물건을 받고 배송료를 현금으로 주는 것입니다. 기사가 도착 20분 전에 미리 도착지에 안내를 하고 물건을 하차하면 배송료를 바로 현금으로 받을 수 있는 것이 최고입니다.

카드

도착지에서 현금이 아니라 카드결제를 요청할 경우도 있습니다. 이때는 고객이 보는 앞에서 퀵사무실에 전화하여 카드번호를 불러주고 결제 요청을 하시면 됩니다.

콜 토스

A기사가 잡은 콜을 퀵사무실을 통하여 B기사에게 넘겨주는 것을 말합니다. A와 B기사가 콜이 같은 지역 또는 근거리에 있을 때 가능합니다. 콜 토스는 퀵사무실의 재량이라서 퀵사무실마다 운용 방식이 다릅니다.

야상

금일 저녁에 물건 상차해서 다음날 배송하는 것을 말합니다.

급송

대기시간 없이 바로 출발하는 경우입니다. 기사와 픽업지가 가까워야 하며 픽업 후 바로 도착지로 이동해야 합니다. 배송료는 기본요금의 1.5~2배가 적당합니다.

캔슬비

기사가 콜을 확정하고 픽업지로 이동하는 동안 콜이 캔슬된 경우, 기사의 이동시간, 이동거리를 보상해 주는 비용이며 보통 5,000원입니다. 기사가 물건을 상차한 후 이동하는 동안 캔슬될 경우에는 5,000원이 아니라 배차받은 요금 그대로 받고 다시 원상복귀할 수 있습니다. 도착지에 거의 도착했을 때 캔슬이 난 경우에는 퀵사무실과 조율 후 추가요금을 받고 원상복귀해야 합니다. 만약 합짐을 한 상태에서 도착지 이동 후 캔슬된 경우 기사는 원상복귀하지 말고 캔슬된 물건을 퀵을 띄워 원상복귀시키면 됩니다. 물론 그 요금은 기사가 부담하시면 안 됩니다.

1.
퀵서비스 사업의 시작

■ 어떻게 시작하게 되었나?

저는 지방에서 사업을 하다 실패의 쓴맛을 보고 큰 빚을 안게 되었습니다. 아직 젊은 나이에 건사할 가족도 있기 때문에 재기를 위해 여러 직장을 알아보게 되었습니다. 저와 비슷한 경험을 하신 분들은 잘 아시겠지만 알아주는 기술도 없고 이렇다 할 경력도 없는 상태에서 재기를 한다는 일은 결코 쉽지 않습니다. 한 달마다 갚아야 할 빚의 원금과 이자는 왜 그렇게 빨리 돌아오는지요. 설사 취업을 한다고 해도 과연 원금과 이자에 생활비까지 감당할 수 있을까 고민해봤습니다만, 직장인 월급으로서는 감당할 수 없다는 결론을 내렸습니다.

그러던 중 라보퀵으로 하루에 40만원 전후의 매출을 내는 친구와 연락이 닿았습니다. 처음에는 친구가 하는 일과 그 정도의 매출이 상상이 가지 않았습니다. 하루에 40만원 전후의 수입이면 웬만한 직장인 수입을 훨씬 초과하는 액수이기 때문입니다.
저는 친구에게 일을 배우기로 결심하고, 내가 잘 배운다면 충분히 재기를 할 수 있겠다는 자신감을 스스로에게 부여했습니다. 제가 다마스퀵을 시작하게 된 계기입니다.

■ 일을 하면서 바뀐 일상생활이 있다면?

다마스퀵을 하고 나서 보통 오후 5시 전후로 퇴근을 합니다. 일반적인 직장인일 경우 6시 퇴근이라고 하지만 6시를 넘기는 경우도 다반사이고 야근을 하기도 합니다. 반면에 퀵 사업을 하면서 5시에 퇴근을 하면 저녁에 개인 생활을 할 수 있는 충분한 여유가 생깁니다. 그전에 못 누렸던 여유, 이른바 '저녁이 있는 삶'을 영위할 수 있다는 것이 가장 큰 일상의 변화며 가장 큰 만족입니다. 특히 퇴근길 헬스장에서 1시간가량 운동을 하고 집에 가서 아내가 퇴근하기 전까지 설거지나 청소, 저녁 준비를 할 수 있다는 것이 가장 큰 행복입니다.

다만 원칙이 있습니다. 제가 하루에 목표한 매출은 꼭 달성하고, 그러지 못했을 경우 퇴근을 늦게 하더라도 매출 목표를 달성하고 퇴근한다는 원칙을 반드시 지키려고 했습니다.

■ 다마스퀵 사업을 시작하는 분들에게 우선적으로 하고 싶은 말은?

막연한 기대보다는 '방법과 기술'이 무엇인지를 찾아야 합니다. '일머리'를 제대로 알고 시작하셔야 한다는 말입니다. 단순히 출발지 A에서 도착지 B로 배송하는 일이라면 평균 하루 매출이 10~15만원을 벗어나지 못합니다. 이 정도의 매출도 늦게까지 개인생활을 포기해야 가능하다는 점을 꼭 유념해주시기 바랍니다.

하루 10시간 5콜을 수행했다면 픽업시간, 배달시간을 줄여서 6콜을 하려고 노력해야 합니다. 1콜 당 평균 3만원짜리 콜을 했다면, 어떻게 하면 1콜 당 평균 3만 5천원을 올릴 수 있을까 고민하고 노력해야 합니다. 그것이 바로 '방법과 기술'입니다.

■ 다마스, 라보, 1톤, 윙, 탑차 등 종류가 많은데 왜 다마스인가?

오토바이에 안 실리는 짐이 다마스, 다마스퀵에 안 실리는 짐이 라보, 라보퀵에 안 실리는 짐이 스타렉스, 스타렉스퀵에 안 실리는 짐이 1톤에 실립니다. 물건의 양에 따른 운송 수단의 위계는 위와 같습니다. 물건의 양이 많다는 것은 노동력이 더 들어간다는 뜻입니다. 차가 클수록 고정 유지비(보험료, 유류비, 톨게이트비, 수리비 등)가 많이 드는 한편 나중에 차를 처분할 때에는 보상을 거의 받지 못한다고 보면 됩니다.

오토바이나 다마스의 경우 물건을 상하차 할 때 보통 20분 정도 소요되며, 라보나 스타렉스, 1톤은 상하차 시 보통 30분~50분 정도 소요됩니다. 빠레트 짐일 경우 지게차가 바로 움직일 수 있는 상황이면 상하차 시간이 줄지만, 대부분 현장에서는 변수가 많기 때문에 상하차 시간이 오래 걸릴 수 있습니다. 시간이 오래 걸린다면 하차 장소에 도착하자마자 좋은 콜이 떴을 때 콜을 못 잡을 수 있습니다. 필자가 받은 질문 가운데 하나는,

"일거리는 다마스보다 라보, 라보보다 1톤이 많지 않은가요?"
"그러면 1톤이 더 좋지 않은가요?"

저는 반대로 이렇게 물어봅니다.

"그래서 1톤이 콜 잡기 편한가요? 1톤 단가가 항상 괜찮은가요?"

그러면 필자에게 다시 질문을 합니다.

"1톤 탑차 가지고 오토바이, 다마스, 라보, 스타렉스 콜 중 어떠한 콜을 다 잡을 수 있으니 더 좋은 게 아닌가요?"

이런 생각으로 1톤을 장만해서 시작할 때 장점도 있겠지만 독이 될 수 있습니다. 1톤 차가 일이 없다고 다마스 짐을 건드리는 순간 고정비용은 큰 상태에서 매출이 줄어들기 때문입니다. 다마스, 라보가 퀵에 최고라고 말씀 드리는 것이 아닙니다. 내가 차량을 선택할 때 그 섹터 안에서 "금콜"을 잘 잡기 위해 노력하는 것이 중요합니다. 각 차량의 장단점을 알고 어떤 콜을 잡아야할 지가 중요합니다.

차량별 장단점

	장점	단점
오토바이, 다마스, 라보	1. 창업비용이 적게 든다. 2. 유지비가 적게 든다. 3. 상하차 시간이 짧아 하차 시 다음 콜을 잡기 편하다.	1. 사고 시 위험하다. 2. 운전 피로도가 심하다. 3. 배송료가 상대적으로 싸다.
스타렉스, 1톤	1. 운전 피로도가 적다. 2. 오토바이, 다마스, 라보, 스타렉스, 1톤 등 모든 짐을 수행할 수 있다.	1. 유지비가 많이 든다. 2. 상하차 시간이 오래 걸려 하차 완료를 해야 다음 콜을 잡을수 있다. 3. 1톤 차량이 많아 경쟁이 심하다. 4. 배송료가 상대적으로 비싸다.

차량별 순수익 및 유지비 비교 분석

차량별 유지비

	차량 구입	연료비	통행료	한 달*22일	1년	1일
다마스	1천만원	26,000원	10,000원	약 800,000원	960만원	26,000원
라보	9백만원	26,000원	10,000원	약 800,000원	960만원	26,000원
스타렉스	2천 3백만원	46,000원	20,000원	약 145,000원	1740만원	47,600원
1톤	1천 6백만원	46,000원	20,000원	약 145,000원	1740만원	47,600원

기준: 연료 LPG L당 800원 / 경유 L당 1400원. 일일 운행 300Km

다마스/ 라보 순수익

	하루 평균	-수수료 23%	-하루 유지비	-보험/정비/등등	1일 순수익
보통	150,000원	-34,500원	-26,000원	-10,000원	79,500원
잘하시는 분	200,000원	-46,000원	-26,000원	-10,000원	118,000원
상위	350,000원	-80,500원	-26,000원	-10,000원	233,500원

스타렉스/ 1톤 순수익

	1일 평균	-수수료23%	-하루 유지비	-보험/정비 등	1일 순수익
보통	15만원	-34,500원	-47,600원	-15,000원	52,900원
잘하시는 분	20만원	-46,000원	-47,600원	-15,000원	91,400원
상위	35만원	-80,500원	-47,600원	-15,000원	206,900원

하루에 20만원 매출 시 수수료 23% 빼고 15만4천원을 벌었다고 생각할 수 있습니다. 그러나 주유비, 톨게이트비, 경정비, 보험 등은 카드로 나중에 청구되기 때문에 이런 비용을 당장 생각하지 못할 수 있습니다.

　＊ 연료비, 통행료, 1년 중 근무 일수, 계산방법 등은 개인별 차이가 있을 수 있습니다.

■ 다마스가 단종되었는데 향후 퀵 사업은?

다마스와 라보는 1991년 첫 출시 이후 30년 이상을 퀵에 사용되다보니 이용하시는 모든 고객님과 퀵사무실에서는 '다마스집', '라보짐'이라는 용어가 자연스럽게 자리잡게 되었습니다. 크기에 비해 뛰어난 적재능력은 두 차종의 강점입니다. 다마스 밴 모델의 경우 450kg, 라보는 550kg까지 짐을 실을 수 있고, 높이는 1920mm에 달해 꽃집·퀵서비스·푸드 트럭 등의 업종에서 주로 활용됩니다. 그만큼 소상공인에게 다마스와 라보는 '대체불가'의 차로 평가받습니다.

소상공인의 '발'이었던 다마스와 라보는 2021년 6월 현재 단종되었습니다. 그럼 전국의 영세 자영업자와 소상공인들을 비롯해 기존 다마스짐과 라보짐을 이용하는 고객들은 어떻게 할까요? 다마스, 라보퀵으로 5BOX 배송을 3만원에 이용하시는 고객이 1톤 퀵을 써서 5만원에 보낼까요? 또는 1톤 퀵을 하시는 기사 입장에서 5BOX를 3만원에 배송할까요?

장담하건대 고객 입장에서 그런 선택은 하지 않습니다. 다마스나 라보 차종이 단종되더라도 그 빈 공백을 채우는 대체 차종이 나올 수밖에 없습니다. 수요가 있으면, 공급이 있기 마련입니다. 결국 이 책에서 제가 소개하는 다마스퀵 창업과 사업의 논리는 차량의 단종 여부와 무관합니다. 핵심은 오토바이로는 배송할 수 없는 부피의 큰 물건을 차량으로 빠른 시간 내 배송하는 소하물 배송인 다마스퀵 사업의 속성은 앞으로도 유효합니다.

■ 이 일을 시작하기 위한 절차가 있나?

1. 운전면허증(1종 보통)
2. 화물운송자격증 취득(자세한 내용은 한국교통안전공단 홈페이지 참고)
3. 차량 구매, 영업용 번호판 구매(영업용 번호판은 개인 간의 거래가 복잡하고 어려우니 여러 명의 딜러에게 견적을 받아 비교한 후에 구매해야 합니다.)
4. 인감증명서 2통, 인감도장, 화물운송자격증
5. 사업자 등록증(관할 구청에 방문하셔서 사업자 등록증 발급받을 수 있습니다.)
6. PDA(핸드폰)구매(PDA는 출시 1~2년 된 핸드폰을 구매하셔도 가성비는 좋습니다. 처음 시작하실 때는 1대를 추천합니다.)
7. 인성, 로지, 손자 등의 퀵 어플 프로그램(이 가운데 하나의 어플을 설치하시고, 그 어플에 기사등록이 필요한 경우 직접 방문하셔서 기사 등록을 합니다.)

8. 퀵사무실 등록(포털 사이트에 퀵서비스를 검색하셔서, 내가 설치한 퀵 어플이 사용 가능한지, 기사등록이 가능한지 확인한 후 방문하셔서 기사등록을 합니다.)

■ 자본은 최소 어느 정도 준비하는 것이 좋을까?

퀵 사업을 시작할 때 드는 기본적인 자본 구성 요소

차량 구입(전액할부가능) + 영업용 번호판(시세, 할부 안 됨) + PDA 관련 세팅 및 차량 세팅 100만원 + 한 달 생활비

다마스퀵의 경우 초기 자본 구성 요소

다마스 차량 구입비 약 1000만원 + 영업용 번호판 2800만원 전후(2021년 기준) + 부수적 비용 100만원 + 한 달 생활비 300만원 = 약 4200만원

차량 구입은 전액할부도 가능하지만 나머지는 현금이 필요합니다. 초기 한 달 생활비 300만원도 필요합니다. 차를 구입하고 PDA 설

치하고, 인성 프로그램 활용 교육도 받고, 콜사무실 입사해서 업무를 익히는 한 달 동안은 고정수입이 없다고 봐야 합니다. 사업을 시작할 때 이 점을 꼭 참고해야 합니다.

■ 퀵 사업에 필요한 기본적인 준비 사항은?

장사가 잘 되는 식당, PC방, 당구장 등은 알고 보면 다 그럴 만한 이유가 있습니다. 아니 땐 굴뚝에 연기 안 납니다. 퀵 사업도 어플만 켜두기만 한다고 해서 높은 매출을 낼 수 있을까요? 절대 그렇지 않습니다. 퀵 사업을 하시는 분들 가운데 상위 매출을 내는 사람은 그 만한 이유가 있습니다.

따라서 처음 일을 시작할 때 좋은 습관을 들이는 것이 중요합니다. 좋은 습관은 제대로 된 '일머리'를 갖추게 합니다. 만약 일을 시작하는 초기에 잘못된 습관을 배운다면 나중에 바꾸기 힘듭니다. 일하는 방법을 제대로 보고, 배우고 시작해야 하는 이유가 여기에 있습니다.

앞으로 이 책에서 소개하는 어플의 기준은 인성어플입니다. 인성

연합물류에서 출시한 화물용 어플입니다. 인성연합물류 어플은 서울, 경기권에 인프라가 잘 구축되어 있어 퀵사무실 기사분들이 많이 이용하고 있습니다. 다달이 사용료를 내야 하는 다른 어플과 달리 하루 출근비가 자동으로 빠져나가는 구조로 되어 있습니다. 콜 수행 완료시 자동으로 수수료 23%가 차감되어 개인 가상계좌에 입금되는 시스템입니다.

어떤 어플이든 시대에 맞춰 변동성이 있다는 점과 어플을 활용해서 일하는 기준 또한 필자의 주관적인 경험을 바탕으로 소개하고 있다는 점을 감안해주시길 바랍니다. 다만 아래 내용은 이론이 아니라 실제로 필자가 몸으로 겪은 내용을 토대로 한 현장의 기록임을 분명히 밝혀 둡니다.

핸드폰 최적화

■ PDA 활용법

PDA는 휴대 정보 단말기입니다. 핸드폰에 퀵 어플을 설치하여 퀵 어플로 이용하는 기기를 PDA라고 합니다. 퀵서비스는 어플로 시작해서 어플로 완료가 됩니다. 처음 시작하시는 분은 PDA 한 대를 사용하면서 어플에 익숙해질 필요가 있습니다. 실수가 없을 때까지 사용하시길 권합니다.

PDA로 사용되는 핸드폰은 최신폰이 당연히 좋지만, 가성비를 따지면 안드로이드 보급형과 고급형 중 출시된 지 2년 된 제품을 추천합니다. 구매는 포털사이트에 중고폰을 검색한 후 모델명과 시세를 비교하시고 직접 방문해서 구매하시는 편이 좋습니다. PDA는 퀵 어플 이외에 어떠한 어플도 설치하지 않아야 합니다.

PDA는 컴퓨터와 같이 소프트웨어 운영체제로 돌아가기 때문에 항상 켜두면, 프로그램이 엉키며 느려지는 주범이 될 수 있습니다. 따라서 일을 마감하면, PDA는 항상 전원을 끄는 것이 좋습니다. 아침에 일을 시작할 때 필자는 핸드폰 최적화를 꼭 합니다.

핸드폰 설정창 → 배터리 및 디바이스 케어 → 문제 해결

1초 인성1	2초	3초	4초
9초 인성2	10초	11초	12초
010-1234-5678	010-2345-6789	010-3456-7890	010-4567-8901

5초	6초	7초	8초
13초	14초	15초	16초
010-5678-9012	010-6789-0123	010-7890-1234	010-8901-2345

인성어플 출근의 숨은 패턴

필자 차량에 설치된 실제 PDA 거치대 모습입니다. 인성 어플은 4초에 한 번씩 창이 새로고침이 되는 구조입니다. 가령 PDA가 4대이고 1초에 한 대씩 어플 출근을 실행합니다. 4대는 각각 1초마다 한 대씩 새로고침이 됩니다. 신규콜이 접수가 되었을 때, PDA 4대 중 하나는 신규콜이 뜨는 시간과 새로고침으로 인해 딱 맞아 떨어져 콜을 잡을 수가 있습니다.

인성 어플은 출근을 눌러야 콜을 볼 수가 있는데 인성1과 인성2는 그룹이 다르기 때문에 인성1만 1초 간격으로 출근 체크를 한 후 인성2를 출근 체크하시면 됩니다. 1초 간격으로 출근 실행하는 게 핵심입니다.

콜이 유난히 안 잡힐 경우에는 어플을 모두 종료하고, 32쪽 그림과 같이 핸드폰을 최적화한 다음, 인성1을 1초 단위로 다시 실행 후 인성2를 1초 단위로 어플을 실행합니다.

■ PDA가 많은 경우의 장점과 단점

장점

1. 콜을 잡을 확률이 PDA 대수만큼 더 커집니다. 많이 듣는 질문 중 하나는

   "왜 똑같은 인성1, 2를 여러 대 쓰나요? 똑같은 거 아닌가요?"

   그러면 저는 이렇게 답을 합니다. 한 동네에 기사가 40명 대기하고 있다고 가정합니다. 기사마다 PDA 1대씩 사용하면, 콜을 잡을 확률은 1/40이지만, 저만 PDA 8대를 사용한다면, 콜을 잡을 확률이 1/5입 됩니다. 낚싯대 하나 가지고 낚시하는 사람보다, 낚싯대 8대로 낚시하는 사람이 고기를 잡을 확률이 더 높아집니다.

2. 자사 사무실이 PDA 수만큼 더 많아집니다. 자신의 노선과 자사 콜사무실, 나를 찾아주는 사무실을 세팅해 두면, 콜을 잡으려고 노력하지 않아도 알아서 돌아가게 되어 있습니다. 3개를 합집한

다면, 개인 거래처 1개, 자사 콜1개, 공유콜 1개를 합집할 수 있습니다. 자사 퀵사무실이 많을수록 하루 평균 매출을 높이는 데 큰 도움이 됩니다.

어플은 완벽하지 않습니다. 집은 기반 공사하고 1층 짓고, 2층 올리고 지붕 올리면서 완공하지만, 어플 프로그램은 그렇지 않습니다. 프로그램 만들고 오류가 생기면, 오류가 생긴 부분을 다시 프로그램하고, 해킹 당하면, 다시 프로그램 짜야 하고… 이런 식으로 계속 유지 보수하면서 안정적으로 만들어야 합니다.

따라서 콜이 수많은 사람 중에 누구에게 잘 잡히는가? 그 알고리즘을 이해하고, 정확히 설명해줄 사람은 없습니다. 다만 그것을 인정하고 콜을 잡을 확률을 높이는 노력을 해야 합니다.

PDA가 신형일수록 CPU가 빠르기 때문에 콜을 잡을 확률은 더 높고, 요금제는 4G보다 5G가 더 빠르기 때문에 콜을 잡을 확률이 물론 더 높습니다. 또한 PDA가 많을수록 콜을 잡을 확률이 더 높아집니다. 픽업지 근방일수록 콜을 잡을 확률 역시 더 높습니다. 이렇게 접근하고 콜을 잡기 위해 노력해야 합니다.

콜이 수많은 사람 중에 누구에게 잘 잡히는가?
그 알고리즘을 이해하고, 정확히 설명해줄 사람은 없습니다.
다만 콜을 잡을 확률을 높이는 기술은 있습니다.

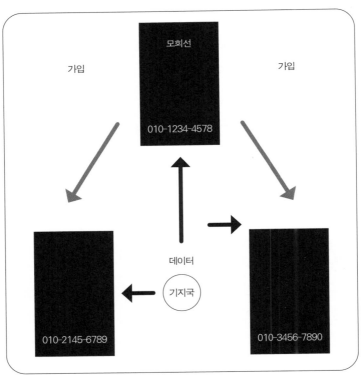

PDA 요금 줄이기

단점

1. 고정 유지비가 늘어나기 때문에 매출의 부담감을 느낄 수 있습니다.

■ PDA 대수를 늘려야 하는 시점

PDA 2대로 하루 평균 매출을 꾸준히 유지하고, 하차하면서 콜을 잡을 수 있는 분들은 그때 PDA를 4대로 늘리면 2대 사용할 때보다 더 많은 매출을 올릴 수 있습니다. 확실히 PDA가 많으면, 콜을 잡을 확률이 높아집니다.

■ PDA 요금 반값 이상 줄여주는 꿀팁

핸드폰 쉐어링을 이용하시면 됩니다. KT, LGU+, SKT에서 모회선 당 2대 정도 데이터 이용 가능한 시스템이 있습니다.

장점

1. 한 대당 2만원 전후로 데이터를 저렴하게 쓸 수 있습니다.

2. 모회선에서 데이터를 나눠 주는 것이 아니라 기지국에서 각 모바일로 데이터를 나눠 주기 때문에 요금제 속도 그대로 쓸 수 있습니다. 필자가 PDA 8대 쓸 수 있었던 이유 중 제일 큰 이유입니다.

PDA 8대 + 개인 핸드폰 1개 = 총 9대

LGU+ 3대, KT 3대 , SKT 3대 등 이렇게 기지국마다 3개씩 묶어서 사용했습니다. 쉐어링의 요금제나 가입절차 등은 각 KT, LGU+, SKT 고객센터로 문의 상담하시면 됩니다.

데이터 속도 = 매출

데이터 속도제한이 걸린지도 모르고 일을 하는 경우가 많이 있습니다. PDA가 아무리 많아도 속도제한이 걸리면 볼 수 없는 콜이 많이 생깁니다. 한 달 데이터 사용량을 확인하고, 데이터 요금제와 맞는지 꼭 확인해야 합니다.

데이터 사용량 확인방법

쉐어링 본체의 데이터 사용량과 요금제의 데이터 이용 속도를 확인하시면 됩니다.

구분	월정액	데이터 기본제공	데이터 혜택
LTE 데이터 699	69,900원	15G	초과시 3Mbps
LTE 데이터 999	99,900원	30G	초과시 5Mbps

자신의 데이터 한 달 사용량이 19G이고, 데이터가 15G라면 15G 이후 속도제한에 걸립니다. 즉 한 달 중 보름 정도 LTE 속도로 콜을 받지만 나머지 1주일 정도는 3Mbps로 콜을 받습니다. 필자 또한 콜이 안 잡히는 원인도 못 찾고 마음고생을 몇 달 하다가 찾아낸 사실이기에 꿀팁으로 추천할 수 있습니다.

개인핸드폰 필수 어플 모바일팩스

인수증은 발송인이 도착지에서 받는 물건 확인증이며, 인수증을 토대로 월말 정산 등을 하게 됩니다. 그렇기 때문에 배송 완료 후 바로 인수증 발송을 해야 합니다. 구글스토어에 "모바일팩스"라고 검색하면 여러 가지 어플이 나옵니다.

모바일 팩스 사용 방법의 예

PDA 거치대의 모습

사용방법

1. 팩스 받을 번호를 입력합니다.
2. 인수증을 핸드폰으로 촬영해둔 상태에서 사진 첨부를 누르고 갤러리를 선택 후 인수증 사진을 체크합니다.
3. 팩스 발송을 누릅니다.

■ PDA 거치대의 장점

콜은 내가 픽업 중이거나 하차 중일 때, 밥 먹을 때나 화장실에 갈 때 상관없이 뜹니다. 따라서 PDA가 차량 거치대에만 있다면, 차량을 벗어나는 순간 어떤 콜도 잡을 수 없습니다. 차량에 PDA를 두고 일하시는 기사님은 아마 귀찮아서, '설마 그 잠깐 동안 콜이 뜨겠어' 하며 차량에 두고 볼 일을 볼 수 있습니다. 이럴 때 필요한 것이 PDA 거치대입니다.

PDA 거치대는 휴대가 가능하고 자석형으로 충전이 가능하기 때문에 차량 밖으로 나오는 순간 PDA판을 어깨에 메고 일을 할 수

당일 정산		
적립금 상세	입출금 내역	수행내역

이체정보	이체상태	이체 정보가 없습니다
	정산이체	0원
	당일이체	0원
적립금	당일잔액	192,740원
	당일입금	96,200원
	현재금액	277,440원
총수입	금액	80,500원
수입내역	현금 0 건	0원
	신용 2 건	92,000원
	합계 2 건	92,000원
지출내역	출근비	0원
	콜수수료	11,500원
	취소금액	0원

실시간 계좌이체	닫기

당일정산의 예

있습니다. 다시 차량에 들어 와서는 PDA 거치대에 자석형이라 딱 붙기 때문에 편리성이 좋습니다. 퀵서비스는 콜을 잡는 데 집중할 수 있도록 주변 환경을 세팅하는 것이 최고입니다.

■ 콜사무실 고르는 기준은 뭘까요?

1. 실시간 이체되는 곳으로 입사

콜을 수행하고 완료를 하는 순간, 내 PDA 가상계좌에서 언제든지 돈을 뽑을 수 있어야 합니다. 어떤 콜사무실은 "저희는 한 달씩 월말에 입금해 드리고, 첫 달 한 달은 퇴사할 때 드립니다"라는 조건을 제시합니다. 그러나 막상 급하게 돈을 뽑아야 할 때가 참 많습니다. 그런데 이런 콜사무실과 일한다면 내 돈을 허락받고 받아야 하는 이상한 구조가 됩니다. 퇴사할 때 남은 임금은 다음달 15일에 이체되고, 다음 달 15일에 입금이 되면 다행이지만 입금도 안 되고 게다가 내가 깜빡 잊으면 힘들게 일한 돈을 못 받는 꼴이 됩니다.

옆의 사진을 보면 현재 금액이 277,440원이 있습니다. 실시간 계

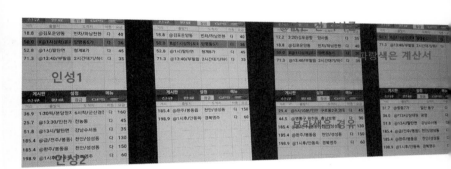

자사 콜의 예

좌이체를 누르면 277,440원 중 기본 보증금 50,000원 뺀 금액 227,440원이 이체 가능합니다. 기본 보증금이란 선불 및 착불 일 때나 하루 출근비 500원 등 수수료를 선차감할 수 있게 기사 보증금으로 묶어둔 것입니다.

2. 자사 콜은 자사 기사에게 먼저 보여주는 곳

PDA 화면에서 첫 번째 @ 표시가 없는 것이 자사 콜이며 공유 기사는 볼 수 없습니다. 수많은 콜사무실 중 이런 콜사무실로 입사해야 합니다. 바로 자사 콜사무실에서 나오는 자사 콜을 받을 수 있기 때문입니다. 콜의 6단계(73쪽 참고) 중 2, 3 단계에서 콜을 잡을 수 있다면 다른 모든 기사는 그 콜이 존재했다는 것조차 모릅니다.

3. 출근비가 적당한지 따져 봐야

출근비는 고정 비용으로 일을 하지 않는 날에도 출금되기 때문에 되도록 저렴한 곳을 추천합니다. 하지만 자사 콜로 1주일에 1콜 이상 수행할 수 있다면 출근비에 큰 의미는 둘 필요는 없습니다. 콜사무실을 고르고 입사를 하실 때에는 꼭 사무실에 미리 연락해서 방문 일자와 방문 시간을 상호 협의하고 방문하셔야 합니다. 기사 모집에 필요한 서류심사 및 면접은 퀵사무실 직원이 하는 경우가 거의 없고 대표가 직접 합니다.

필요 서류 : 사업자등록증, 자동차등록증, 신분증
입사 서류 작성 : 이름, 전화번호, PDA 라이더번호, 핸드폰 번호

서류 작성을 마치고 자신의 노선이 있다면 마지막 여백에 꼭 기재를 하시는 것이 좋습니다.

"종로에서 천안까지 왕복노선 가지고 있습니다."
"ABC 상사 콜 수행을 한 경험이 있으며, 픽업지와 도착지에 아무런 문제 없이 진행해 왔습니다. 감사합니다."

이렇게 작성하면 ABC 상사 콜이 접수될 때 콜사무실은 콜의 2단계 자사기사 중에 해당 기사 혹은 친한 기사에 콜을 보냅니다. 3단계 이후 기사들은 이 콜이 존재했는지 알 수가 없습니다.

■ 지입으로 들어갈 때 체크해야 할 사항

영업용 번호판 자차로, 물류회사 지입으로 들어가시는 것은 충분히 알아보셔야 합니다. 월급제이며 오더를 사무실을 통해서 받아 일하는 구조입니다. 다만 월급 한 달치를 묶어두고 주는 곳이 있습니다.

세금 계산서도 물류회사에 한 달에 얼마씩 끊어 줘야 하는 곳도 있습니다. 물류회사에서 세금을 적게 내기 위한 꼼수입니다. 물류 회사에 안 좋게 보이면, 배송 스케줄이 굉장히 피곤합니다. 처음에 이런 곳에서 일을 하면, 원래 이런 시스템이라고 생각하고 돈도 묶여 있어서 회사 눈치 보며 일하게 됩니다. 기사를 최고로 대우하는 지입회사는 거의 없습니다.

그럼에도 불구하고 기본적인 근무조건은 확보하고 일을 해야 하기 때문에 아래와 같은 사항은 필수적으로 체크해야 합니다.

1. 하루 출퇴근 시간 및 휴일 근무
2. 휴일 당직

3. 하루에 몇 건 배송 및 몇 Km 운행 조건

4. 유류비 지원 및 복지 지원

5. 계산서 발행 유무

6. 주차 과태료의 처리 유무

7. 급여 정산 일정

■ 믿고 거르는 퀵사무실과 콜의 특징

1. 똑같은 오더가 갈수록, 배송료가 적어지는 경우

예) 마곡동 → 인천공항 소BOX 5만원이었던 콜이 2년 동안 요금 단가가 45,000 → 40,000 → 35,000 → 30,000 → 25,000원까지 떨어졌습니다. 배송료를 낮춰도 배차는 되기 때문에 이를 악용하는 콜사무실은 거르셔야 합니다. 여기서 나오는 다른 콜 또한 요금에 문제가 있기 때문입니다. 그래서 콜을 잡을 때 콜사무실을 먼저 확인하는 습관을 가져야 합니다.

2. 수작업 상하차비, 주차비, 날씨 할증 등 상황에 따른 추가 요금이 발생할 때, 받아주지 않는 경우

"하나를 보면 열을 안다"는 말이 있듯이 "하나의 콜을 보면 열 콜"을 알 수 있습니다. 오늘 당장 수작업 30BOX를 3층에서 혼자 상하차해야 하는데 추가 요금을 주지 않는다? 그렇다면 다음에 똑같은 콜을 잡아도 추가 요금을 주지 않을 경우가 많습니다. 이러한 퀵사무실에서 띄우는 다른 콜 또한 추가 요금을 안 해줄 가능성이 당연히 클 것입니다.

3. 요금과 상관없이 모든 콜을 급송처리하려는 경우

화주와 상의해서 점심시간 이후 하차해야 하는 상황입니다.

"10시 30분에 콜을 잡고 바로 출발해도 점심시간 12시에 도착하니 1시에 하차하겠습니다."

이렇게 상황을 정리하고 퀵사무실에 연락을 해도 무조건 빨리 출발하라는 곳이 생각보다 많습니다.

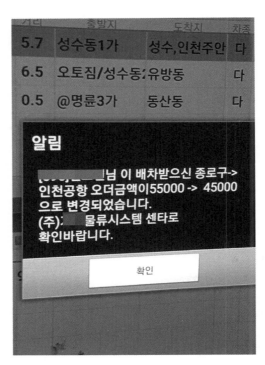

거리	출발지	도착지	차종
5.7	성수동1가	성수,인천주안	다
6.5	오토짐/성수동	유방동	다
0.5	@명륜3가	동산동	다

알림

[___]님 이 배차받으신 종로구->
인천공항 오더금액이55000 -> 45000
으로 변경되었습니다.
(주):___ 물류시스템 센타로
확인바랍니다.

확인

물류회사에서 띄우는 콜

이런 경우 일프로의 꿀팁 답변은 아래와 같습니다. 시간이 돈입니다.

"사장님, 화주에게 상황 다 말씀드렸어요. 그리고 어차피 12시 도착해도 점심시간이라 물건 하차 못해요. 12시에 도착할 테니 1시까지 대기하는 대기료 주실 건가요? 대기료 주시면 12시부터 1시까지 기다렸다 내릴게요."

4. 물류회사에서 띄우는 콜

○○물류, 포워딩회사는 자체적으로 운용하는 배달기사가 있습니다. 다만 종종 이런 기사들이 수행하지 못하는 콜을 퀵어플로 띄우는 경우가 많습니다. 물류회사인 만큼 픽업, 배달 완료시간이 촉박한 편이고 배송료 역시 상대적으로 저렴합니다.

5. 예약콜 시간이 5분 단위일 때는 특히 주의!

이런 경우는 콜사무실이 아니라 픽업지의 상황입니다. 픽업지에서 예약콜을 띄울 때 보통 3시, 3시 30분 등으로 30분 단위로 예약콜을 올리거나 좀 더 타이트한 곳은 3시 20분, 3시 30분 등 10분 단위로 예약콜을 올립니다. 조심해야 할 곳은 3시 15분, 3시 25분 등

5분 단위로 예약콜을 올리는 곳입니다. 물건 준비 시간을 계산하여 콜을 올리는 경우이며, 도착 시간 또한 예민하게 반응하는 경우가 경험상 많이 있었습니다.

■ 유류비 지원 신용카드 받는 방법?

화물 영업용 번호판을 소유하신 분들만 유류비 지원이 가능합니다. 포털사이트에 화물복지카드를 검색하시고, 카드설계사를 통해 상담 및 발급 받을 수 있습니다.

■ 핸즈프리는 어떤 것이 좋나?

필자가 써본 수많은 블루투스 이어폰 중 최고는 플랜트로닉스 보이저 모델입니다. 장점으로는 귀에 착용했을 때 이질감이 없어 장시간 쓰고 있어도 아프지 않습니다. 소음이 심한 곳에서 통화했을 때도 소음 억제가 탁월해 상대방과 편하게 통화가 가능합니다. 그래서 필자는 플랜트로닉스 보이저 모델을 두 개를 구비해서 하나를 쓰고, 나머지 하나는 충전하면서 사용했습니다. 물론 이 모델이 최고라는 말씀은 아닙니다. 경험상 이런 유형의 모델을 추천하는 것인데, 2~3만원대 저가형 이어폰보다 비싸더라도 좋은 물건을 사용하는 것이 효율이 높다는 말씀입니다.

■ 운전석은 리무진 시트 추천

다마스, 라보를 몇 년 운행하신 분들 가운데 허리 통증을 호소하는 경우가 많습니다. 주행 충격이 흡수되지 않아 온몸으로 충격을 받기 때문입니다. 그래서 다마스 및 라보의 경우 리무진 시트로 바꿔서 운행할 것을 권합니다. 가격은 업체별로 다르지만 통상 10~20만원대이며, 가격이 비싼 것이 만족도가 높습니다. 리무진 시트로 개조된 차량을 운행해 본 적 있는데 승차감이 확연히 달라 운전의 피로도를 줄일 수 있습니다.

A급 기사는 다른 기사와 다르게
친절함과 깔끔한 일처리로 인정받는 기사입니다.
A급 기사는 콜사무실에서도 선호할뿐더러
좋은 가격의 콜을 계속해서 잡을 수 있습니다.

■ A급 기사님이 되기 위한 기본자세

모든 콜 또는 콜사무실에도 A급이 있습니다. A급 콜 또는 A급 사무실을 찾아야 좋은 가격의 콜을 잡아서 시간 대비 높은 매출을 높일 수 있습니다. 반면 기사도 마찬가지입니다. 고객의 입장이나 콜사무실의 입장에서 볼 때도 A급 기사가 있습니다. 다른 기사와 다른 친절함과 깔끔한 일처리를 하시는 기사라야 콜사무실에서도 선호할뿐더러 좋은 가격의 콜을 계속해서 잡을 수 있습니다. 거울을 보고 웃으면 거울 속 나도 웃듯이 내가 먼저 친절하게 다가가야 퀵사무실이나 화주도 친절하게 다가옵니다.

1. 첫인상이 성공을 좌우

기사로서 단정한 용모와 깔끔한 차량 외관 및 정돈된 적재함 관리는 고객을 대하는 기본자세입니다. 고객과 직접 대면하는 시간은 길어야 5분입니다. 하지만 그때 기사의 이미지가 앞으로 쭉 이어집니다. 땀 냄새를 풍기거나 슬리퍼를 신고 일한다면, 또는 담배 냄새가 나거나 거부감을 줄 수 있는 옷차림 등 '나만 편하면 되지' 하는 생각을 하고 있다면, 고객 입장에서 한 번 더 같은 기사를 부

장사가 잘 되는 식당이나 PC방 등 잘 되는 가게는
그만한 이유가 있듯이
퀵서비스도 자신의 노력 여부에 따라 매출이 달라집니다.

를 확률이 높지 않습니다. 심지어 차량 적재함에 쓰레기 등 불필요한 물건이 함께 적재되어 있어도 고객의 입장에서 좋은 이미지를 가질 확률은 적습니다.

2. 사전 전화는 필수

고객은 전화 한 통화로 퀵사무실에 콜을 접수합니다. 콜을 접수한 기사는 고객에게 대략 몇 분 후에 픽업이 가능한지 미리 전화를 해야 합니다. 또한 도착지 고객에게도 대략 몇 시에 물건이 도착할 예정인지 전화를 해야 합니다. 물건을 전달하거나 받는 고객 입장에서 물건의 배송에 대한 신경을 쓰지 않게 한다면 기사에 대한 신뢰도를 높일 수 있습니다. 친절한 기사, 신뢰감이 가는 기사로서 각인될 수 있습니다.

3. 고객 응대의 기본을 지켜야

콜이 가격 대비 좋은 "금콜"이든, 안 좋은 "똥콜"이든 결국 기사가 스스로 선택한 콜입니다. 콜을 수락하고 일단 수행을 시작한다면, 배송이 완료될 때까지 고객 만족을 위해 응대해야 합니다. 픽업 장소에 막상 도착을 했는데 너무 오래 대기를 하는 상황이나 가격 대비 물량이 많은 상황, 또는 배송 물건의 포장이나 운반 등 직접 해야 할 수작업이 있다고 해서 인상을 쓰거나 짜증을 내면 안 됩니다. 콜은 기사가 직접 선택한 콜이기 때문입니다. 문제가 있다면 미리 확인을 꼼꼼하게 하지 못한 자신을 탓해야 합니다. 중요한 것은 앞으로 이런 콜을 수행하지 않도록 자신만의 기준을 세우는 일입니다.

4. 배송 완료 후 보내는 '해피 문자'가 곧 마케팅

퀵서비스를 한다면 화주의 마음을 움직여 다음에 또 찾을 수 있는 사람이 되어야 합니다. 배송 완료 후 문자로 "고객님께서 발송하신 물건을 OOO님 앞으로 배송 완료하였습니다. 본 서비스가 마음에 드셨다면, 콜 접수 시 라이더 1234번 기사 일프로를 찾아주세요. 감사합니다"라고 해피 문자를 보내면 알게 모르게 화주의 기억에 남을 확률이 높아집니다.

배송 완료에 대한 메시지는 전화가 아닌 문자로 해야 합니다. 고객의 입장에서 친절하고 일을 잘하는 기사를 만났다고 하더라도 고객은 기사에 대한 정보를 따로 메모하지 않는 편입니다. 따라서 전화가 아닌 배송 완료 문자를 보내면 문자 메시지를 보고 다시 콜을 부를 확률이 높습니다. 또는 고객의 입장에서 한 달 전에 물건을 누구에게 보냈는지 배송 확인을 하는 경우도 있습니다. 이 때를 대비해서라도 배달 완료 전화가 아닌 문자를 보내는 습관이 중요합니다.

■ 이 일을 가장 잘하기 위해서는 어떤 자질이 필요할까

1. 운전을 잘해야 합니다. 운전하면서 PDA 상황을 파악할 수 있어야 합니다. 차량에 장착한 PDA거치대는 이런 용도입니다.

2. 고객 만족을 위한 서비스를 할 줄 아셔야 합니다. 퀵사무실의 고민 중 하나는 배송기사가 불친절하다는 것입니다. 상하차 할 때나 고객과 통화하는 시간 다 합쳐봐야 몇 분 안됩니다. 이때 좋은 모습을 보여서 다시 찾아주는 기사가 되어야 매출을 올립니다. 결국 화주가 돈을 써서 기사가 돈을 버는 구조이기 때문입니다.

3. 프로 의식이 필요합니다. 장사가 잘 되는 식당이나 PC방 등 잘 되는 가게는 그만한 이유가 있듯이 퀵서비스도 자신의 노력 여부에 따라 매출이 달라집니다. 퀵서비스 사업을 하기로 결심했

다면 프로 의식을 가지고 일하실 필요가 있습니다.

■ 초보자가 일을 시작할 때 처음 6개월이 승부를 가른다

필자에게 일을 배우러 오시는 분들은 현직에 계시거나 일을 처음 도전하시는 분들이 많습니다. 경험상 현직에 계시는 분보다 처음 도전하시는 분이 결과적으로 더 높은 매출을 올리는 편입니다. 왜 그럴까요?

가장 중요한 원인은 바로 습관!! 하루 매출 10~15만원 올리는 분들의 일의 패턴은 이미 굳어져서 쉽사리 고쳐지지 않습니다. 반면 새로 일을 배우시는 분은 일머리를 정확히 알고 시작하기 때문에 그 일머리를 내 습관으로 만들어 높은 매출을 더 쉽게 낼 수가 있습니다.

1개월 차

근거리 배차로만 콜을 잡고 PDA의 사용법을 능숙하게 숙지합니다. 모든 콜은 PDA로 시작해서 PDA로 완료가 됩니다. 자사 콜, 공유 콜, 세금계산서 콜, 경유 콜, 선불(후불) 콜이 있으며 PDA 켜는 순간부터 끄는 순간까지 집중하는 습관을 들여야 합니다. 근거리 배차만 해야 하는 이유는 배송 시간이 짧은 콜을 잡아 하루에 최대한 많은 콜을 수행하면서 능숙해지기 위해서입니다. 1개월 차부터 장부를 정리하는 습관은 시작해야 합니다.

2개월 차

근거리 배차로만 콜을 잡고 픽업지와 도착지에 전화하는 연습을 합니다. 콜을 잡고 3분 이내에 픽업지에 전화해서 내가 건드려야 할 콜인지 아닌지 확인하는 습관을 가져야 합니다. 물건 수량, 준비 여부, 픽업지에 대한 정확한 위치 등을 확인하고 물건을 하차하기 20분 전에 도착지에 전화해서 물건이 도착하고 있다는 것을 꼭 어필해야 합니다. 이때, 후불이면, 요금 지불 방법도 확인할 필요가 있습니다.

합짐은 시간과의 싸움입니다.
물건 1개 픽업해서 배송하는 시간에 티 안 나게
2개를 배송할 수 있어야 돈을 벌기 때문입니다.
2개를 픽업하기 위해서는 물건도 미리 준비되어 있어야 하고,
차 안에 다 실려야 하기 때문에
전화로 세부적인 사항을 확인하는 연습을
꾸준히 해야 합니다.

3개월 차

근거리 배차로만 콜을 잡고 픽업 5분, 하차 5분을 연습합니다.

픽업과 배송에서 내가 줄일 수 있는 시간과 줄일 수 없는 시간이 있습니다. 이동하는 시간은 내가 줄일 수 없는 시간입니다. 이 시간을 줄이려고 노력하면 사고의 위험성이 있습니다.

대신 내가 줄일 수 있는 시간은 픽업지 도착해서 물건을 차에 싣는 시간, 도착지에 도착해 물건을 최대한 빠르게 하차하는 시간입니다. 이 시간의 조각을 모아서 합짐할 때 대기하는 시간으로 쓰셔야 합니다. 합짐을 하지 않더라도 하루에 배송 건수를 높이는 노하우를 몸으로 익히는 데 좋은 방법입니다.

오피스텔이나, 빌딩 픽업할 때 고객용과 화물용 엘리베이터가 있습니다. 고객용이 4개라면 화물용은 1개이고 속도도 굉장히 느리며, 택배기사가 탑승시 층별로 물건을 내리기 때문에 시간이 오래 걸립니다. 픽업하러 올라갈 때는 구루마를 접어서 고객용으로 탑승합니다. 픽업층에 도착했을 때는 화물 엘레베이터 내려가는 버튼을 누르고 엘레베이터 도착하기 전에 빠르게 픽업을 완료하고 탑승하면 픽업하는데 걸리는 시간은 5분이면 충분합니다.

4개월 차

근거리 배차로만 콜을 잡고 하차지에 도착했을 때부터 다음 콜을 잡는 연습을 합니다. 하루에 콜 하나라도 더 할 수 있다면 바로 수익과 직결됩니다. 도착지에 도착해서 물건을 하차하지도 않았는데, 다음 콜을 잡기란 심리적으로 압박이 큽니다. 필자도 이 부분을 고치는 데 시간이 오래 걸렸습니다. 도착지에 전화하는 습관과 하차를 5분에 할 수 있는 능력이 있다면 자연스럽게 다음 콜 잡을 수 있는 배포가 생기게 됩니다. 하차하면서 다음 콜을 잡는 것은 하루 중 대기시간을 줄이고, 콜 하나를 더 할 수 있는 지름길입니다.

5개월 차

자신만의 노선을 만듭니다. 사람마다 성격이 다르기 때문에 선호하는 노선이 다릅니다. 시내 단거리만 하는 사람, 중거리만 하는 사람, 장거리만 하는 사람이 있습니다. 1~4개월 차까지 충분히 좋은 습관을 터득해가고 있다면 1주일씩 노선을 바꿔가면서 자신에게 맞는 노선을 찾는 연습을 해야 합니다.

6개월 차

노선 이외의 콜을 잡지 않는 연습을 합니다. 필자가 제일 중요하게 생각하는 부분입니다. 아침에 포인트 자리에 출근해서 자신의 노선 이외의 콜은 절대 받지 않습니다. 합짐을 하지 않더라도 콜 하나를 꾸준히 노선에 맞춰서 수행합니다. 여기서 합짐할 수 있는 분과 합짐할 수 없는 분이 정해집니다.

2.
콜의
모든 것

좋은 콜, "금콜"은 부족하고,
고정으로 일하고 있거나 일할 기사는 많습니다.
기사가 부족할 때,
좋은 콜이 6단계까지 내려올 때를 노려야 합니다.

■ 콜의 종류

개인 → 개인

콜이 언제, 어디서 나오는지 전혀 예상할 수 없습니다. 대부분의 고객이 가격을 저렴하게 요청하기 때문에 배송료는 평균 이하일 확률이 높으며 빠른 배송을 요구하는 편입니다. 내용물 역시 파손의 부담이 있고 포장도 미비해서 상대적으로 대기 시간이 길 수 있습니다.

회사 → 회사(납품)

콜을 부르는 시간과 물량의 수량을 예상할 수 있습니다. 내용물 역시 배송에 문제가 없고 포장도 잘 되어 있는 경우가 많습니다.

회사 → 창고(입고)

창고 입고 시간이 있기 때문에 그 시간 안에만 배송하면 됩니다. 회사 담당자 및 퀵사무실에서는 창고 입고 현장을 전혀 모르는 경우가 많습니다.

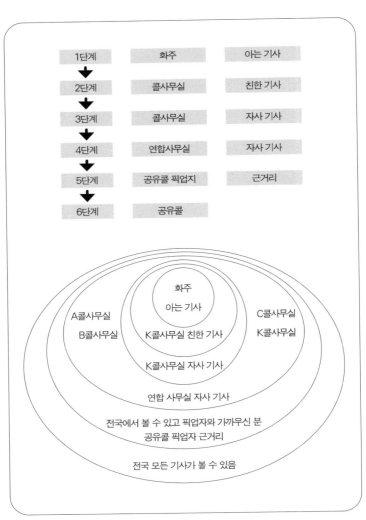

콜의 6단계 개념

■ 콜의 6단계 개념

화주가 A → B로 물건을 보낼 때

1. 화주가 알고 있는 기사에게 부탁한다.
2. 화주가 퀵사무실에 접수를 하면 퀵사무실에서 친한 자사기사에게 먼저 전화해서 수행 가능한지 물어보고 직권 배차를 넣어준다.
3. 퀵사무실에서 자사기사콜로 1~2분 동안 PDA에 보여준다.
4. 퀵사무실이 서로 연합한 콜사무실 자사기사에게 1~2분 보여준다.
5. 공유 오더로 픽업지에서 가까운 기사에게 콜을 보여준다.
6. 공유 오더로 전 기사가 다 볼 수 있게 콜을 보여준다.

■ 콜 단가 개념

배달 운송료의 기준은 기본 1km당 1천원입니다.(근거리 및 중장거리 제외)

　　예) 강서 마곡동 → 강동구 성내동

　　　30km 배송료 3만원, 네비게이션 시간상 50분

■ 물량의 기준

자신만의 물량 기준이 있어야 합니다. 가령 구루마 2번 또는 10BOX까지 배송 가능하며, 다마스 차량의 2/3가 될 경우 5000원 추가해서 총 35000원! 이런 기준이 있어야 합니다. 물량이 많으면 픽업시간과 배달시간이 늘어나고 육체적인 노동이 더해집니다. 이 것을 추가 배송료로 보상받으셔야 합니다.

■ 콜 짐의 개념

1, 마곡동 → 성내동 30km, 30BOX, 3만원

(보통 짐이 많은 경우 적요란에 기재하지 않음)

2, 마곡동 → 성내동 30km, 서류 1장, 3만원

이렇게 두 종류의 콜이 떴을 때 여러분은 어떤 콜을 수행하시겠습니까?

짐의 기준이 없다면 1번을 수행하고 완료한 후에는 "똥콜"이다, "괜히 했네" 하고 자책하면서 또 그런 콜을 수행할 수 있습니다.

필자는 다마스퀵의 경우 짐의 개념을 구르마 2번 또는 10BOX를 기준으로 잡았습니다. 그래서 1번일 경우 콜을 잡고 전화했을 때, 30BOX면 추가 요금 5천을 요청해서 35,000원일 경우 콜을 수행합니다. 짐이 많아 상하차의 노동력이 들어도, 배송료로 보상받기 때문입니다. 2번의 경우 서류이기 때문에 25,000원이라도 콜을 수행합니다.

■ "똥콜"이란?

짐이 한 차인게 "똥콜"일까요? 상하차를 혼자 해야 하는 게 "똥콜"일까요? 또는 픽업하자마자 빨리 재촉하는 게 "똥콜"일까요? 아닙니다. 노동량, 배송시간을 돈으로 보상받지 못한 콜을 "똥콜"이라 합니다.

	똥콜	금콜
마곡 → 성내동 2BOX 배송 2시간, 3만원	마곡 → 성내동 2BOX 배송 1시간 3만원	마곡 → 성내동 2BOX 배송 1시간 4.5~6만원
마곡 → 성내동 30BOX 배송 2시간, 4만원	마곡 → 성내동 30BOX 배송 2시간 3만원	마곡 → 성내동 30BOX 배송 2시간 4.5~5만원

■ 정상적인 가격, 수행하기 좋은 콜은 어떻게 잡나?

좋은 콜, "금콜"은 부족하고, 고정으로 일하고 있거나 일할 기사는 많습니다. 중요한 것은 좋은 콜이 6단계까지 내려올 때를 노려야 한다는 것입니다.

1. 비오는 금요일에는 오토바이퀵이 현저히 줄어들고, 차량 정체로 하차 시간이 다 같이 늘어나게 됩니다. 이때 나오는 신규 콜은 밀리게 되어 있기 때문에 잡으셔야 합니다.

2. 명절 전 주에는 동내 대형마트나 백화점에서 선물세트 배송 준비로 퀵 어플에 기사를 모집합니다. 그래서 명절 전 주에는 콜이 쌓이는 속도에 비해 기사분들이 현저히 부족하여 못 보던 신규 콜이 나옵니다. 이렇게 못 보던 신규 콜을 수행하지 않더라도, 출발지 및 도착지 대비 가격이 괜찮은 오더를 눌러서 핸드폰으로 사진을 찍어 둡니다. 그렇게 체크해 둔 콜사무실은 명절이 끝나고 자신에 맞는 노선이 있을 경우 입사하시면 됩니다.

평상시에도 항상 PDA를 주시하다보면, 좋은 콜이 나올 때가 있는데, 눌러서 확인하는 습관을 가지면 좋습니다.

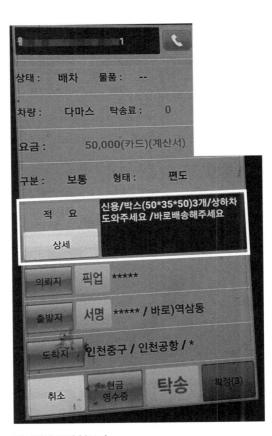

정상적인 콜의 본보기

■ 정상적인 콜의 본보기

1. 출발지에서 도착지까지 금액이 적당
2. 배송물품의 적재 크기와 수량을 기재하여 기사가 판단할 수 있도록 적요란에 기재(제일 중요함)
3. "상하차 도와주세요"라고 기재되어 상하차 수작업 비용이 포함되었음을 알 수 있도록 기재
4. "바로 배송해주세요"라고 기재되어 바로 배송하지 않으면 나중에 문제가 될 수 있음을 기사가 미리 알 수 있도록 기재

■ 하루의 시작을 어디서 하는 것이 좋을까

픽업지가 자택에서 1시간 거리에 있다면 빈차로 이동 후 하루 일과를 시작하는 것이 좋습니다. 외각일수록 콜 수도 적고, 그 적은 콜 속에 좋은 콜, "금콜"이 뜰 확률은 적습니다. 콜 잘나오는 곳으로 빈차로 이동 후 도착지만 좋은 곳으로 콜을 잡고 이동해도 대기 시간을 줄이면서 1콜이라도 더 수행할 수 있습니다.

어떤 기사들은 종로나 강남이 복잡하다고 기피하시는 분도 꽤 많습니다. 그러나 사무실 밀집 지역 등 사람이 많이 출근하는 곳에서 콜이 잘 나옵니다. 이런 곳을 공략해야 합니다. 예로 서울 종로, 강남, 가산디지털, 구로디지털, 남동공단, 시화공단, 수원, 상대원동, 천안, 평택, 전철역 근방 등이 그런 곳입니다.

■ 콜 수행할 때 체크할 사항

1. 퀵사무실 이름, 요금

퀵사무실과 노선별 요금은 거의 변하지 않습니다. 그래서 콜을 잡았을 때 콜사무실 요금을 첫 번째로 확인하는 습관을 가지면, 콜사무실마다 배송료의 기준이 생기게 됩니다. 똑같은 노선의 콜이 뜨지만, 콜사무실 마다 다른 요금을 확인할 수 있습니다.

2. 도착지

모든 콜의 도착지는 출발지가 됩니다. 따라서 하차하자마자 대기시간을 줄이는 최고의 방법은 도착지를 보고 콜을 잡는 것입니다.

3. 픽업지

픽업지 선택과 관련하여 팁을 말씀 드리면 기사님 대기 위치와 픽업지가 10분 전후의 거리에 있는 콜이 좋습니다. 네비게이션으로 빠르게 체크하셔서 거리가 가깝더라도 차량 정체로 시간이 좀 더 걸릴 것 같으면, 픽업지에 곧바로 전화해서 상황을 말씀드리고 진행하시는 것이 좋습니다.

4. 적요란

보통 적요란이 빈칸일 경우가 많은데 어떤 짐인지, 몇 BOX나 되는지 꼭 확인해야 합니다. 짐의 수량은 배송료의 중요한 기준 중의 하나입니다. 빠르게 수량을 확인해서 추가 요금을 받아야할 것 같으면 콜사무실에 전화해서 상담하고, 그렇지 않으면 재빨리 콜을 캔슬해야 합니다. 콜 잡고 3분 내에 콜 캔슬 유무를 판단하는 습관이 중요합니다. 배송완료한 다음 후회하면 이미 늦습니다.

5. 편도, 왕복, 경유

대부분 편도 배송이지만 경유, 왕복 등을 확인하지 않고 물건을 싣는 순간 돌이킬 수 없는 상황에 맞닥뜨릴 수 있습니다.

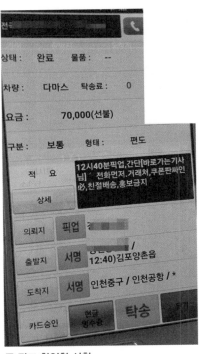

콜 잡고 확인할 사항

■ 콜 잡은 후 전화 대응 요령

1. 콜을 잡았을 때

"안녕하세요. 배차받은 일프로 기사입니다. 제가 10분 후면 방문할 것 같습니다. 몇 층으로 올라가면 될까요?

"2층 복도 끝으로 오세요."

"혹시 몇 BOX 정도 될까요? 구루마 가지고 올라가야 되나 해서요"

"6BOX에요, 구루마 가지고 올라오셔야 할 거예요"

"네, 알겠습니다. 혹시 물건은 준비 되어 있죠?

"네, 거의 준비 되었어요. 오시면 됩니다."

"제가 처음 방문하는 건데 주차할 곳이 따로 있나요?"

"1층 편의점 끼고 돌면 주차장이 있어요. 거기 화물 엘레베이터 타고 올라오세요."

"네, 알겠습니다. 감사합니다."

고객 입장에서는 기사가 언제 오는지가 궁금합니다. 따라서 미리 전화로 픽업 도착 예정 시간을 알리면 고객이 따로 퀵사무실에 전

간혹 담당자 통화가 연결이 안 되서
물량 확인을 못할 수도 있습니다.
이때는 빠른 판단을 하셔야 합니다.
한 차 가득 물량을 실을 수도 있다는 생각을 하고
콜 캔슬 유무를 선택하셔야 합니다.

화하거나 퀵사무실에서 기사에게 전화를 하는 일이 없습니다.

퀵 접수 시 몇 BOX인지 물량의 개수를 적어주면 좋은데, 내용물조차 모르고 방문할 수도 있습니다. 짐의 양에 따라서 추가 요금을 받아야 할 상황이 있기 때문에 이런 경우에는 현장에 도착해서 추가 요금을 요청하는 것보다 콜을 잡고 3분 이내에 통화하면서 짐 량을 확인하고 픽업지 가는 동안에 퀵사무실에 전화해서 가격 조정을 합니다. 생각보다 주차하는 곳에 따라 픽업의 시간이 오래 걸릴 수도 있습니다.

이렇게 처음 가는 곳이라도 미리 통화해서 물건 준비 되어 있는지, 몇 BOX인지, 주차는 어디로 해야 하는지, 몇 층으로 가야 하는지 정보를 많이 알면 알수록 픽업 속도가 빨라질 수밖에 없고, 픽업 5분이 가능해집니다. 픽업이 빠르면 빠를수록 합짐을 시도할 수 있는 대기시간을 벌 수가 있어 매출을 높이는 데 효과적입니다.

2. 도착 20분 전에 전화

기사: "안녕하세요. ABC 상사에서 픽업한 5BOX 가지고 가는 기사입니다. 제가 20분 후면 도착할 거 같습니다. 받은 주소지는 00빌딩이던데 몇 층으로 5BOX 옮겨드리면 될까요?"

하차지에서 물건을 받는 사람이 부재중일 경우, 물건을 어디에 둘지 모를 경우, 또는 도착 시간이 식사시간이라 담당자 연결이 안 되는 경우가 많습니다. 이렇게 도착지에 도착을 해서 물건을 하차 하려고 하는데 사정이 여의치 않은 경우는 생각보다 많습니다. 이런 모든 상황을 미리 통제하려면 도착 20분 전에 전화를 해서 준비를 해야 합니다. 더구나 착불일 경우에는 더더욱 도착 20분 전에 전화 통화를 해야 합니다.

기사: "안녕하세요. ABC 상사에서 픽업한 5BOX 가지고 가는 기사입니다. 제가 20분 후면 도착할 거 같습니다. 받은 주소지는 00빌딩이던데 몇 층으로 5BOX 옮겨드리면 될까요?" "네, 알겠습니다. 요금은 착불 5만원입니다. 현금이시간요? 계좌이체이신가요?"

도착지: "오늘 정산해서 내일 계좌이체해 드립니다."

기사: "아. 그러세요. 알겠습니다. 20분 후에 뵙겠습니다."

기사 → 콜사무실

"안녕하세요. 라이더 1234기사 일프로입니다. 종로에서 픽업, 천안 하차하는데 도착지에서 오늘 정산해서 내일 입금해주신다고 합니다. 그렇게 해도 되나요?"

거래처일 때

퀵사무실: "네 거기 저희 거래처에요. 입금 되니까 걱정하지 마시고 배송 잘 해주세요."

기사: "네, 알겠습니다. 믿고 배달하겠습니다. 감사합니다."

거래처가 아닐 때

- 퀵사무실: "거기서 그렇게 말하던가요? 주시겠죠…."
- 기사: "혹시 거래처이신가요? 거래처 아닌가요?"
- 퀵사무실: "저희 거래처 아니예요."
- 기사: "네 알겠습니다."

도착 20분 전에 도착지와 통화를 해서 문제가 생겼을 때
해결할 수 있는 시간을 충분히 벌어야 합니다.
그러면 하차 5분도 가능합니다.
하차가 빠르면 빠를수록 다음 콜을 잡을 수가 있고,
콜과 콜 사이의 대기시간이 없어
매출을 높이는 데 효과적입니다.

기사 → 픽업지

"안녕하세요. ABC에서 5BOX 가져가고 있는 기사입니다. 15분 후면 도착지에 도착할 예정입니다. 도착지에서 내일 입금해 주신다는데 어렵더라도 하차하면 입금해달라고 연락 좀 부탁드립니다."

그렇게 하고 15분 후 도착했을 때도 입금을 해주지 않고 막무가내로 내일 해준다고 하면

"물건 다시 싣고 회차하면, 회차비까지 픽업지에서 물으셔야 해요. 괜찮습니까?"

이렇게 하면 입금을 받을 수 있습니다.
물건 하차할 때부터 문제 해결하려고 하면 기본 20분 이상 걸립니다. 다음 콜이 뜨고 있어도 잡지 못합니다. 하루 일정을 망칠 수가 있는 경우입니다. 따라서 하루 매출과 직결되기 때문에 꼭 하차 20분 전 전화로 문제를 해결할 수 있는 시간을 꼭 가지셔야 합니다. 한번 외상을 하면 다시 요금을 받으려고 수없이 전화를 하거나 결

국 찾아가야 하는 상황까지 발생합니다. 시간과 돈도 문제지만 마음고생까지 할 수 있으니 외상을 안 하고 그 자리에서 받는 방법이 최고입니다.

자사 콜사무실에서 콜을 직권 배차해주는 경우는 기본 A급 기사여야 합니다. 처음에 공유기사로 일하다가 자신의 노선에 맞는 콜이 나오면 몇 번 수행을 합니다. 자사기사로 등록하고 싶다고 연락을 하고 약속을 잡아 자사등록을 하러 갈 때에는 아래와 같은 사항을 숙지해야 합니다.

콜사무실에서 자사 기사 얼굴을 보는 건 자사등록하는 날 하루뿐입니다. 이때 용모에 신경을 써서 단정히 하고 가시는 것이 좋습니다. 보통 대표는 서류를 직접 받기 때문에, 서류 작성 후 자신이 원하는 콜(픽업지 및 도착지 등)을 정확히 전달하면 좋습니다. 자사기사 등록 후 원하는 콜을 3~5번 수행면서 특히 최대한 신경을 써서 일을 해야 합니다. 픽업이 15분을 넘길 경우에는,

"안녕하세요. 자사기사 1234번 일프로입니다. 픽업 가는 중인데 차량이 조금 밀려 픽업이 20분 정도 걸릴 것 같습니다. 픽업지에

따로 전화 해드렸으니 걱정 안 하셔도 됩니다."

콜사무실에서는 기사의 실시간 위치를 다 알고 있지만, 따로 전화 해서 재촉하지는 않습니다. 대신에 미리 이렇게 픽업지에 전화하고 콜사무실에 전화하는 것 자체가 콜사무실에 믿음과 신뢰를 심어주는 일이고, 자신의 존재감을 어필할 수 있는 기회입니다. 자사콜 배송 시 도착지 고객이 직접 받지 못하는 상황이 발생할 때도 전화를 합니다.

"안녕하세요. 자사기사 1234번 일프로입니다. 도착지에서 부재 중이라 도착지 고객님과 통화 후 문 앞에 두었습니다. 혹시 몰라 물건 사진 찍어서 고객님께 보내드렸습니다. 걱정 안 하셔도 됩니다. 감사합니다."

이렇게 기사님이 먼저 콜사무실에 전화를 하면 일 잘하는 A급 기사로 인식이 되며, 다음에도 똑같은 콜이 떴을 때, 기사의 위치를 먼저 파악하고 직권 배차를 넣어주거나 기사가 조금 먼 곳에 있으면, 전화로 콜을 띄웁니다.

자사 퀵사무실: "일프로 기사님, OOO사무실 픽업 있는데 수행 가능하시겠어요?"

기사: "네 가능한데, 제가 조금 멀리 있어서 픽업 20분 후면 가능할 텐데, 괜찮을까요?"

자사 퀵사무실: "제가 픽업지에 전화해 둘게요. 서둘러 주세요."

이렇게 자사 퀵사무실에서 시간의 여유를 주는 경우도 있습니다.

■ 콜사무실을 통해 나를 찾아주는 회사를 확보해야

"안녕하세요. ABC 상사인데요. 천안 가는 물건 있는데, 라이더 1234번 기사로 배차 부탁드려요."

콜의 2단계입니다. 화주가 콜사무실 통해서 나를 찾게 만드는 단계입니다. 조건은 자사 콜사무실에서 A급 기사로 인정을 받은 상태여야 합니다. 보통 한 사무실에 수십 명 근무하는 곳에서는 배송 담당이 따로 있는 게 아니라 업무가 확실히 분업화 되어 있어서 개별로 퀵을 부르는 경우가 많습니다. 물건 준비도 픽업지 도착해서 안 되어 있는 경우도 더러 있습니다.

"죄송해요. 조금만 기다려 주세요. 이제 포장만 하면 되요."

발송 담당자는 물건이 준비 안 되어 있고, 기사가 앞에 서서 기다리다 보면 당연히 미안한 마음이 듭니다.

"BOX 포장은 제가 도와 드려도 될까요?"

이렇게 친절한 모습으로 다가간다면, 고객 입장에서는 기사의 눈치를 보지 않아도 되고 고마움을 느끼면서 기억해 둘 확률이 높습니다. 배송 완료 후 해피 문자를 드리면, 다음에 퀵사무실을 통해서 배차 받을 수 있는 가능성은 확실히 더 높습니다.

배송 완료 후 해피 문자를 드리면,
다음에 퀵사무실을 통해 배차 받을 수 있는 가능성은
확실히 더 높습니다.

■ 모든 문제는 콜사무실과 상담

퀵사무실은 중개인 역할을 합니다. 기사가 잘못한 일도 퀵사무실에 책임이 있을 수가 있습니다. 퀵사무실에서는 중개수수료를 받고 화물을 주선했기 때문입니다. 현장에서 발생한 모든 문제는 제일 먼저 퀵사무실과 상의를 해야 합니다.

가령 현장에 도착했을 때, 가격 대비 너무 많은 물량에 혼자 수작업을 해야 한다면 콜사무실과 통화하여 상황을 말하고 추가 요금에 대한 상의를 해야 합니다. 무턱대고 픽업지 화주에게 "추가 요금 더 주셔야 합니다"라고 말하면 픽업지 화주는 "돈을 더 줘야 일합니다"라고 오해할 수 있습니다. 배송료, 추가 요금 등 돈과 관련된 문제는 민감하기 때문에 반드시 콜사무실과 상의를 해야 합니다.

■ 개인 거래처 특징 및 관리 노하우

소형사무실은 대표 1인, 직원 1인 등 총 2명이 근무하는 곳이 많습니다. 대표님이 직접 발송을 하기 때문에 모든 결정을 하는 편입니다. 물량은 꾸준히 나가는데 담당 기사를 따로 쓰기에는 물량이 부족해서 퀵 기사 가운데 고정으로 일을 해주길 바라는 곳이 있습니다. 물론 위에 언급한대로 A급 기사의 모습으로 일을 했다면 자연스럽게 대표 입장에서는 고정으로 일해주길 바랍니다.

고정으로 일할 경우 몇 시에, 몇 BOX이고, 몇 시까지 도착 예정인지 미리 알려주는 조건이어야 합니다. 자신의 노선이 정확해야만 개인 거래처를 유지할 수 있습니다.

개인 거래처가 한 곳이면 괜찮지만, 한 곳 이상이면 노선 없이 개인 거래처를 유지하기는 어렵습니다. 개인 거래처는 자신이 책임지고 해야 합니다. 그래야 대표님도 믿고 맡길 수 있습니다. 하지만 일하다 보면 변수가 생기기 마련입니다. 열의 한두 번 피치 못할 상황일 때는

"안녕하세요. 대표님 오늘 10시에 픽업해야 하는데 제가 어쩔 수 없는 사정으로 어렵게 되었습니다. 죄송합니다. 제가 다른 기사님 배차해서 픽업, 배송 문제없이 진행하도록 하겠습니다. 감사합니다."

만약 10시 픽업이면 대표에게 30분 전에 전화를 해서 걱정을 덜어

드려야 합니다. 그리고 퀵사무실에 전화를 해서 콜을 띄우고 배송 완료까지 자신이 관리를 해야 합니다. 세금계산서 발급을 해주고 인수증은 바로 문자로 보내드려야 합니다. 결제 방식은 일결제, 주결제, 월결제 가운데 미리 대표와 사전 협의도 해야 합니다. 픽업과 배송완료시간이 최대한 여유가 있어야 좋습니다.

■ 콜 취소 패널티 5회시 1시간 배차 제한 해결 방법

콜 배차 후 취소를 할 경우 패널티 1개를 받습니다. 총 5번을 취소하면 1시간 동안 어플에서 배차 제한으로 콜을 볼 수 없습니다.

1. 어플에서 캔슬하지 않고 콜사무실을 통해 배차 취소를 요청하면, 패널티를 받지 않고 콜을 취소할 수 있습니다. 보통 3분~5분 이내로 최대한 빨리 취소 요청을 해야 좋습니다.

2. 콜을 잡고 출발 시 배차 패널티가 3회 이상이면, 임의로 콜을 잡고 빠르게 캔슬하여 5번 패널티를 일부러 받습니다. 그리고 콜

1. 콜을 잡고 출발시 패널티를 확인한다.
2. 패널티가 3회 이상이면 임의로 콜을 2회를 잡고 빠르게 캔슬한다.
3. 이동시간이 1시간 37분이기 때문에 도착 37분 전에는 패널티가 풀린다.
4. 도착지에서 물건을 하차하기 전에 콜을 잡을 수 있게 패널티가 풀린다.

1시간 37분
추천 73.8km

패널티가 풀리는 시점

콜 취소 패널티

수행이 다 끝나기 전에 패널티 1시간이 풀리도록 조절합니다.

■ 픽업지에 도착해서 콜이 취소된다면?

일을 하다 보면 픽업지에 도착해서 콜이 취소되는 경우가 종종 있습니다.

> "안녕하세요, A → B로 가는 콜 잡은 1234기사입니다. 픽업지에 도착했더니, 콜이 캔슬되었습니다. 캔슬비 5,000원 탁송비로 부탁드리겠습니다."

신용, 선불, 후불로 받으면 5,000원에서 수수료 23%가 빠지기 때문에, 꼭 탁송료로 넣어달라고 해야 합니다. 참고로 금콜이 많이 나오는 퀵사무실 같은 경우, 픽업하러 가는 도중에 캔슬이 나거나 기사가 먼저 캔슬되었다고 말을 하면, 알아서 캔슬비를 넣어 줍니다.

자사 콜사무실 콜이 캔슬될 경우,
필자는 캔슬비를 따로 요청하지 않습니다.
이럴 때 자사 퀵사무실에서 눈도장 찍기 너무 좋습니다.
"자사기사 일프로입니다.
A → B가는 콜이 캔슬되어 전화 드렸습니다.
캔슬비는 따로 넣어주지 않으셔도 됩니다.
대신에 다음에 이 콜이 또 접수되면
저에게 배차 부탁 드립니다."

■ 일정 시간 지나서 받은 콜을 취소(거절)할 수 있나?

콜을 잡고 30초 정도는 기사님 스스로 확정을 누를 수 있습니다. 확정란을 누루고 수행하시거나, 취소 버튼을 눌러 캔슬이 가능합니다. 확정을 누른 상태에서 취소할 경우에는 콜사무실에 전화로 이유를 밝히고 캔슬 요청을 합니다. 3분이 넘어가면, 다시 콜을 띄워 배차를 해야 하고 그러다보면 픽업지에서 픽업이 늦기 때문에 콜사무실 입장에서는 부담스럽습니다. 그래서 콜 잡고 바로 픽업지에 통화를 해서 수행 여부를 빠르게 판단하시기를 권합니다.

■ 콜을 거절하는 주된 이유는?

결국 배송료입니다. 콜을 수락하고 완료하기까지 걸리는 동안 시간당 평균을 벌지 못할 콜이라면 캔슬해야 합니다. 시간당 평균을 계산하는 방법은 '매출 나누기 시간'입니다. 하루에 15만원 매출/근무시간은 9시간일 때 시간당 16,600원 정도가 평균입니다.

콜을 수락하고 완료하기까지 걸리는 동안
시간당 평균을 벌지 못할 콜이라면 캔슬해야 합니다.
시간당 평균을 계산하는 방법은 '매출 나누기 시간'입니다.

- 픽업배송 완료까지 20BOX / 3층 엘레베이터 있음 / 2시간 동 안 3만원 / 시간당 15,000원
- 픽업배송 완료까지 20BOX / 3층 엘리베이터 없음 / 3시간 동 안 3만원 / 시간당 10,000원

똑같은 노선에 똑같은 20BOX, 똑같은 요금이지만, 엘레베이터가 없는 순간 시간이 더 오래 걸리게 되고 시간당 벌 수 있는 돈이 줄어들게 됩니다. 물량이 많거나 주변환경에 따라 상하차 시간이 오래 걸리고 육체적인 노동이 더해집니다. 추가 배송료를 받아서 시간당 매출을 유지할 수 있도록 해야 합니다. 따라서 콜을 잡고 3분 안에 확인했을 때 추가 요금 없이 한 차 가득 수작업을 해야 한다면 캔슬 대상입니다.

콜단가가 내려가면 시간당 평균 버는 돈도 내려가기 때문에 합짐을 해서 시간당 평균매출을 유지할 수 있도록 해야 합니다.

배송료도 안 좋은데 빠른 배송을 요청한다면 캔슬 대상입니다. 파손 위험이 있는 물건이나 포장이 제대로 안 된 물건 또한 캔슬 대상입니다. 나중에 문제 생겼다고 전화가 오는 순간 수행 중이던 콜

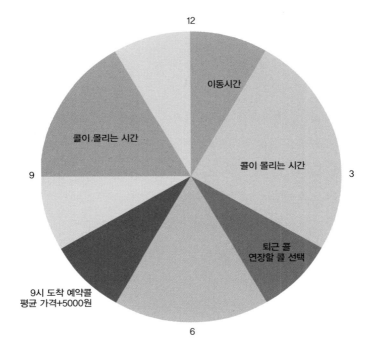

12

이동시간

콜이 몰리는 시간

3

콜이 몰리는 시간

9

퇴근 콜
연장할 콜 선택

9시 도착 예약콜
평균 가격+5000원

6

콜 기사의 효율적인 하루 일정 관리

을 다른 기사에게 다시 배차시켜서 물건을 보내고, 현장에 문제해결하러 가야 하기 때문입니다. 시간은 시간대로 허비하고, 돈은 돈대로 손해를 보기 때문에 픽업지 가서 물품이 마음에 안 든다면, 콜사무실에 따로 전화를 해서 상담을 받고 수행여부를 판단해야 합니다.

■ 콜 기사의 효율적인 시간 활용

오전 7시~8시

콜이 잘 나오는 지역에서 시작하시기를 권해 드립니다. 보통 9시에 회사 및 창고 공장 등의 직원들은 출근을 시작하기 때문에 9시에 맞춰 도착해야 하는 물건이 있습니다. 오전 8시 전에는 퀵 기사가 적어서 평균 단가에 5000원이 추가되어 더 좋은 가격으로 콜이 올라옵니다. 콜을 잡는 경쟁이 낮아서 콜 잡기가 9시 이후보다 수월합니다. 픽업 시간도 9시 이후보다 여유로운 장점이 있습니다.

오전 9시~11시 오후1~4시

콜이 몰리는 시간이기 때문에, 잡히는 대로 일을 수행하기보다는 콜을 잡고 단가, 배송시간, 짐량을 체크해서 자신의 기준에 맞는 일을 하면 좋습니다.

"일이 없는데, 대기하다 겨우 한 콜 잡았는데…"

이렇게 생각할 수 있습니다. 겨우 잡은 콜, 솔직히 캔슬하기 쉽지 않습니다.

한 지역에 기사님이 40명 대기하고 있습니다. 1시간 동안 "똥콜"만 뜰까요? 아닙니다. "금콜"이 분명히 뜹니다. 40명의 기사 중 콜 잡고 계속 빠지기 때문에 시간이 갈수록, 기다릴수록 좋은 콜 잡을 확률이 높아집니다. 새로 유입되는 기사도 계속 생기지만, 보통 기사들은 한 콜을 잡으면, 더 이상 PDA에 신경을 쓰지 않습니다. 보통 하차 완료하기 전까지 PDA에 신경을 쓰지 않기 때문에 좋은 콜 잡을 확률이 높다는 것입니다.

12~1시

점심시간을 배송 시간으로 활용하며, 도착지 시간 체크를 필수적으로 합니다.

오후 5시

퇴근 콜로 집 방향 콜을 대기할지 아니면 저녁까지 근무할지 선택하셔야 합니다.

오후 5시 이후에는 콜의 횟수가 급격하게 적어지고 차량의 정체가심해집니다. 한 콜을 수행 완료하는 시간이 낮 시간에 비해 오래걸립니다. 낮에 시간당 15,000원 매출을 내었다면, 5시 이후 2시간당 15,000원 매출까지 예상하셔야 합니다. 가령 5시에 집 방향이 아닌 방향으로 콜을 잡고 7시에 배송을 완료합니다. 배송완료지역에서 집 방향 콜이 바로 나올까요? 콜 수도 적고 집 방향 콜을잡기까지 대기시간이 걸릴 것입니다. 빈차로 집으로 이동할 수도있습니다. 5시에 퇴근콜을 잡고 바로 간다면 비슷한 매출로 빠른퇴근을 할 수가 있습니다.

보통 기사들은 한 콜을 잡으면,
더 이상 PDA에 신경을 쓰지 않습니다.
보통 하차 완료하기 전까지
PDA에 신경을 쓰지 않기 때문에
좋은 콜을 잡을 확률이 높습니다.

■ 배송의 세 가지 개념

배송은 급송, 기본 , 도착 예약 등 총 3가지로 나눠집니다. 기준은 배송료와 물건의 수량에 비례합니다.

급송

급송은 기본 배송료의 1.5배~2배로 기준을 잡으시면 됩니다. 단, 배송 시간은 네비게이션 기준 예상시간 1시간+, 픽업시간 10분 등 총 1시간 10분에 배송해야 합니다. 이 시간은 콜을 잡는 순간부터 시간이 계산되기 때문에 픽업지와 거리가 멀다면, 콜을 잡더라도 빠른 판단으로 수행할지 안 할지 결정해야 합니다.

기본

배송료는 1km 당 1천원 전후입니다. 배송시간은 네비게이션 예상시간×2 안에 배송이 되어야 합니다. 12시 강서구 마곡동 –〉 강동구 성내동 30km, 네비게이션 예상시간 1시간일 경우, 배송은 14시 안에는 해야 합니다.

도착예약

가격이 제일 저렴한 대신 도착시간의 여유를 미리 알려주는 콜입니다.

예) 수송동 10시 → 천안 백석동 오후 5시까지 5BOX, 5만원

이런 콜은 도착시간이 여유가 있다는 장점을 제외한다면 나머지는 단점일 확률이 많습니다.

3.
매출을
올려주는
핵심 포인트

개인 거래처를 첫 콜로 잡으면 높은 확률로 합짐이 가능합니다. 개인 거래처는 픽업시간과 배송완료시간이 여유가 있어서 다른 콜을 대기할 수 있는 시간을 오래 쓸 수가 있습니다. 대기를 오래할수록 합집의 확률은 더 높아집니다. 개인 거래처는 내 위치가 노출될 일이 없기 때문에 심리적 안정감이 큽니다.

■ 합짐 노하우

합짐은 마음의 부담감이 굉장히 큽니다. 퀵사무실의 압박, 픽업지의 압박, 내 차에 다 실을 수 있는지에 대한 압박, 픽업 시간의 압박등 부담이 큰 편입니다. 필자도 초보 때 돌이켜 보면, 충분히 할 수 있던 콜들을 마음의 압박으로 인해 한 콜만 수행했습니다. 그러나노선에 충실하면서 다음 4가지 압박을 해소시킬 수 있다면, 충분히 합짐할 수 있습니다.

1. 전화

콜을 잡으면 2~3분 내로 수행할지 안 할지 판단해서 픽업지에 전화합니다.

콜을 잡았는데 퀵사무실에서 기사에게 전화가 오는 이유는 무엇일까요? 픽업지에서는 기사가 언제 오는지 궁금하기 때문에 콜사무실에 전화하고 퀵사무실은 기사에게 전화를 하게 됩니다. 그래서 콜사무실 압박과 픽업지의 압박은 전화 한 통화로 해결해야 합니다.

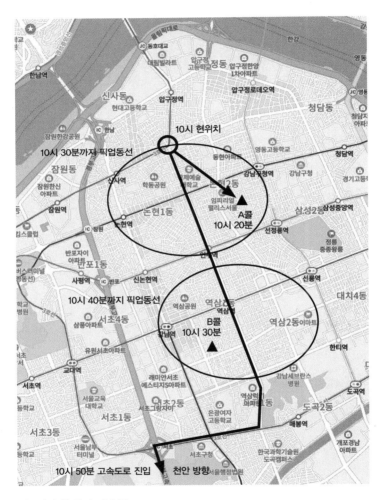

건드려야 할 콜과 아닌 콜

2. 노선

노선이 있다면 내가 해 봤던 콜들만 수행하게 됩니다. 내가 가 봤던 픽업지이고, 실어 봤던 물건이기 때문에 충분히 예상할 수 있습니다. 콜 잡고 픽업지에 전화해서 물량을 확인하면 물량 압박은 해결할 수 있습니다.

이미 가 봤던 픽업지면, 초행길보다 빠르게 이동이 가능하며 어디에 주차를 할지, 담당자는 몇 층에 있는지, 물건은 몇 층에 있는지 다 예상이 가능해서 픽업 시간은 5분이면 충분합니다. 따라서 픽업 시간의 압박을 해결할 수 있습니다. 예상되는 콜 픽업지를 항상 머릿속에 염두에 둘 필요가 있습니다.

예) 10시 압구정 개인 거래처 첫 픽업 → 1시 천안 하차

이때 10시 30분까지 동선 안에 있는, 기존에 수행한 천안 가는 콜들을 예상합니다. 콜을 잡아서 픽업했거나, 콜을 못 잡았더라도 10시 30분 이후에는 10시 40분 동선까지 이동을 해서 동선 안에 있는 기존의 천안 가는 콜들을 예상합니다. 콜을 잡아서 픽업했거나, 콜을 못 잡더라도 고속도로에 10시 50분에 진입하시면 됩니다.

3. 건드려야 할 콜과 아닌 콜의 빠른 판단

10시에 개인 거래처로 픽업을 완료한 상태에서 10시 20분에 A콜을 잡고 픽업을 가는 길이나, 픽업 중일 때라도 검정색 천안 가는 길 동선 안에 10시 30분 B콜이 뜨면 고민하지 말고 잡아야 합니다. 여기서 픽업을 5분 안에 해야 하는 이유가 여기 있습니다. 네비상의 이동시간을 맞추기 위해선 픽업시간을 최소화하셔야 합니다. 그리고 동선 안에 들어와 있는 콜은 일단 잡아두고 네비를 체크하는 습관을 꼭 가지셔야 합니다. 미리 겁먹고 잡지 않거나 네비를 체크하지도 않고 캔슬하면, 다시는 그 시간에 그 콜은 나에게 오질 않습니다.

합짐을 하지 않는 분들의 특징 중 하나는 1콜만 잡으면 더 이상 PDA에 신경을 쓰지 않는다는 데 있습니다. 나에게 맞는 콜이 나오더라도 신경을 안 쓰면 기회는 없습니다. 중요한 것은 내 위치 주변에 내가 수행했던 콜들이 생각이 난다면, 콜이 떴을 때, 머릿속에서 코스가 그려지고 이동시간도 예상이 되며, 예상되는 짐량에 합짐 가능 여부도 바로 판단해 콜을 잡을 수 있게 됩니다. 장점은 그 콜이 떴을 때, 아는 길이기 때문에 픽업시간이 현저히 줄어들 것이며 예상했던 콜이기 때문에 고민하지 않고 확정을 할 수 있다는 것입니다. 그림에서는 청담동, 삼성동, 대치동 쪽 콜은 건드리지 말아야 할 콜입니다.

4. 관제 시스템

퀵사무실에서 실시간으로 기사님의 이동경로를 모니터링하는 관제가 제일 부담스럽습니다. 픽업하고 움직이지 않거나, 픽업 후 다른 방향으로 움직이는 경우 퀵사무실에서는 실시간으로 기사님의 움직임을 파악해서 전화가 옵니다.

퀵사무실에서 "기사님 도대체 거기서 뭐하시는 거예요?"라는 전화를 한번이라도 받으면, 다음부터는 합짐 시도가 굉장히 두려워집니다. 누군가 계속 나를 지켜보는 있다는 생각에 콜을 잡자마자 바로 배송하게 됩니다.

다른 어플을 동시에 사용 사용하면 합짐이 가능합니다.

인성 어플에서 콜을 잡으면, 인성 어플에서만 관제를 당하고 손자 어플에서 콜을 잡으면, 손자 어플에서만 관제를 당합니다. 첫 콜은 개인 거래처, 두 번째 콜은 인성, 세 번째 콜은 손자일 경우 실질적으로 내 차에 3콜을 합짐했지만 인성에서 관제를 할 때 기사는 인성 1콜만, 손자에서 관제를 할 때 손자 1콜만 물건을 싣고 있는 것입니다.

필자는 픽업시간과 도착시간이 여유 있는 콜, 합짐 가능한 콜만 항상 잡을까요? 절대 아닙니다. 여러분과 똑같은 조건의 콜을 가지고 아무 문제없이 합짐을 합니다. 자사퀵사무실에서는 제가 합짐을 하고 있는데도 직권을 넣어주는 이유는 무엇일까요? 내가 건드려야 할 콜과 건드리지 말아야 할 콜의 기준을 정확히 알고 일하기 때문입니다.

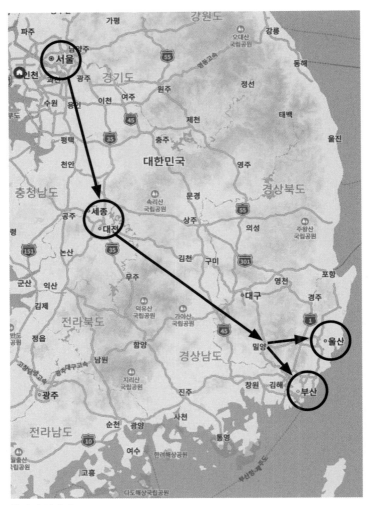

합짐의 하차지

■ 합짐의 하차지는 같은 지역(30분 거리)이어야 하는 이유!

하차 순서를 정할 수가 있기 때문입니다. 기사가 편한 코스로 하차 순서를 정할 수 있지만, 갑자기 급하게 받아야 하는 도착지가 생길 때 대응할 수가 있습니다. 같은 지역이기 때문입니다.

하차순서

1. 먼저 픽업한 물건 위주로 합니다.
2. 하차 20분 전에 전화했을 때 급한 물건이면 그 물건 위주로 하차합니다.
3. 마지막 하차지가 픽업하기 좋은 장소로 합니다.

도착지가 서로 멀면 하차 순서를 정할 수 없어 나중 하차지에 문제가 생길 수가 있습니다.

절대 하지 말아야 할 코스

서울 → 대전 → 부산

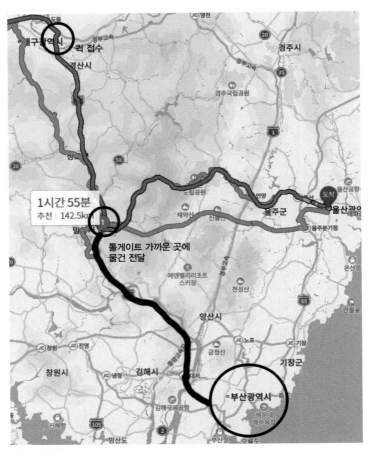

일프로 꿀팁

부산에서 물건을 오후 5시까지 받아야 하는데, 대전에서 물건을 하차하다가 부산 도착 약속시간을 어길 수가 있습니다. 그렇다고 부산 물건을 먼저 배송할 수도 없습니다. 배송료 또한 대전을 경유한다면 수입은 시간 대비 현저히 떨어집니다. 시간, 돈 모두 손해이기 때문에 이런 코스로 합짐을 경유하시면 안 됩니다.

자제해야 할 코스

서울 → 울산 → 부산 코스는 부산을 먼저 하차하든 울산을 먼저 하차하든 이동거리만 1시간이며 차량 정체 및 하차 시간까지 예상하면 1시간 30분이 더 걸리게 됩니다. 만약 두 군데 모두 5시까지 받아야 하는 상황이라면 한 군데는 약속을 못 지킬 수가 있습니다.

서울 → 울산 → 부산으로 이동 경로가 주어졌고 두 군데를 동시에 5시에 배송해야 하는데 시간이 없는 경우 퀵이 퀵을 이용할 수 있습니다.

1. 대구 광역시 정도 지날 때 밀양시에서 부산 가는 퀵을 미리 접

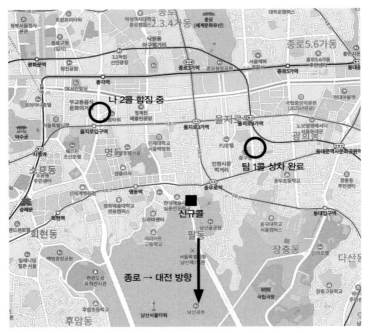

팀 짜서 일하기

수를 합니다.

2. 밀양시 톨게이트 나가서 곧바로 가까운 곳으로 픽업지 요청을 해야 울산으로 가는 고속도로 진입시간을 아낄 수가 있습니다.

■ 합짐의 최고는 핵심 팀을 짜서 일하기! 콜 토스!

필자는 사수와 팀을 짜서 일했습니다. 같은 노선을 같은 지역, 같은 시간대에 대기하고, 같은 시간대에 이동하고, 같은 시간대에 배송했습니다. 이때의 장점은 콜 토스가 가능하다는 것입니다.

예) 노선: 종로 → 대전

현재시간: 10시 30분

나: 첫 콜 10시, 두 번째 콜까지 물건 싣고 10시 30분

팀: 첫 콜 10시 20분 물건 상차 완료

이때 검정색 네모 지점에 10시 30분에 콜이 떴습니다. 나는 10시

부터 첫 콜 기준으로 30분이 지난 지점이기 때문에 이동해야 해서 더 이상 콜이 떠도 수행을 못하고 이동해야 합니다.

팀은 10시 20분에 상차 완료를 하고 픽업 여유가 20분이 더 있는 상태에서 신규 콜을 무조건 잡고 이동해야 합니다. 팀과 항상 전화 통화로 콜의 상황을 체크하기 때문에 신규 콜이 떴을 때, 콜을 잡기 위해 노력합니다. 팀이 콜을 잡으면 최고로 좋지만, 팀이 콜을 못 잡고, 제가 잡을 확률도 많습니다.

콜사무실마다 콜 토스를 해주는 곳도 있고, 안 해주는 사무실이 있기 때문에 군이 콜 토스를 안 해주는 콜사무실에 전화할 필요는 없습니다. 나와 팀이 같은 자사 콜사무실이고, 픽업지에서 가까운 곳에서 대기중이라면 콜사무실 입장에서도 공유 기사보다 자사 기사가 콜을 수행하는 게 좋습니다. 픽업지와 근거리에서 대기 중일 때 하는 것이 좋습니다.

■ 콜 토스가 가능한 경우(자사 콜사무실, 혹은 공유 콜)

콜을 잡자마자 콜사무실에 전화를 합니다.

"안녕하세요, 종로 → 대전 방향 잡은 기사 1234번입니다. 죄송한데 대전만 전문으로 가는 기사가 바로 옆에 있는데, 그 기사한테 콜 좀 부탁드립니다. 기사라이더 번호는 4567번입니다, 해 봤던 콜이기 때문에 걱정하지 않으셔도 됩니다."

"네, 4567번으로 넣었습니다. 문제 없이 진행 좀 부탁드립니다."

이렇게 제가 콜을 잡고, 기사에게 콜을 넣어 줄 수가 있습니다. 바로 대전을 전문으로 가는 기사임을 꼭 어필해야 하며, 이미 수행해 본 경험이 있다는 것을 강조해서 콜사무실을 안심시킬 필요가 있습니다. 콜사무실마다 콜 토스를 해주는 곳도 있고, 안 해주는 사무실이 있기 때문에 콜사무실마다 특징을 꼭 체크해야 합니다.
군이 콜 토스를 안 해주는 콜사무실에 전화할 필요는 없습니다. 자사 콜사무실에 입사하는 이유 중 가장 큰 이유도 이것입니다. 나와 팀이 같은 자사 콜사무실이고, 픽업지에서 가까운 곳에서 대기중이라면 콜사무실 입장에서도 공유 기사보다 자사 기사가 콜을 수행하는 게 좋습니다.

여기서 조심해야 할 것은 픽업지와 근거리여야 합니다. 그리고 팀에게 콜 토스를 했는데, 짐량이 많아 합짐을 못하면 안 됩니다. 그래서 내가 해봤던 콜이고, 물량을 예상할 수 있는 콜이어야 합니다.

■ 콜 토스가 가능하지 않은 경우 해결 방법

나는 시간적 여유가 없어 바로 가야 하는 상황이고, 팀은 시간적 여유가 있어 1콜 더 합짐을 해야 하는 상황입니다. 콜을 내가 잡은 상황에서 콜사무실은 콜 토스를 안 해줄 경우 팀과 전화로 통화합니다.

　"대전 가는 콜 잡았어요. 하나, 둘, 셋 하면 뺄 테니까 집중하세요."
　"하나, 둘, 셋, 콜 뺐으니까 잡아 봐요."

이렇게 빠진 콜이 다시 뜨는 타이밍을 알면, 콜 잡기가 굉장히 확률이 높아집니다.

■ 정보 공유가 시간 절약의 지름길

같은 노선을 몇 년을 타더라도 그 노선의 신규 콜이 생깁니다. 내가 꼭 신규 콜을 타보지 않더라도 겁먹지 않고 팀과 통화하면서 물어봅니다. 콜사무실의 특성과 가격, 짐량, 픽업지 주차 요령 등을 체크합니다.

> "ABC 회사 픽업 가고 있는데, 주차는 어디에다 하면 되요? 담당자는 몇 층에 있나요?"
> "픽업 갈 때, 구루마가 필요한가요?"

이렇게 기본적인 사항을 체크하면 신규 콜이라고 하더라도 픽업 5분이 가능합니다. 필자가 처음 해봤던 고속터미널에 탁송했던 일입니다. 경험이 있는 기사라면 어디에 주차를 할지 한 번에 가서 주차를 하겠지만, 초행길인 사람은 주차 진입을 못 찾으면 고속 터

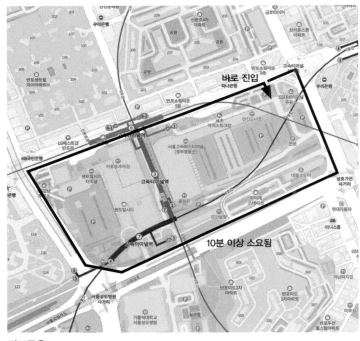

정보공유

미널을 한 바퀴 돌아서 진입로를 찾아야 합니다. 낮에는 한 바퀴를 10분 이내에 돌 수 있겠지만, 교통 체증시간에는 최소 10분 이상을 허비하게 됩니다. 따라서 팀을 활용해 주차 위치와 물건의 위치를 미리 정확히 확인함으로써 누군가의 경험을 공유한다는 것은 시간을 아끼고, 그 시간을 합짐의 시간으로 활용할 수가 있습니다.

■ 경쟁은 매출과 자기 관리에 도움

제가 팀과 같이 일을 했을 때 최고 장점은 자극과 동기부여를 받을 수 있다는 것입니다. 새로운 "금콜"이 떴다고 팀과 모두 공유하지는 않습니다. 필자와 팀은 각각 PDA 8대 인성 1,2를 사용해서 총 16개 사무실로 서로 세팅하고 일했습니다. 그중 8개 정도 사무실만 팀과 같은 사무실을 쓰고 나머지 8개 사무실은 서로 공유를 하진 않습니다. 보이지 않지만, 서로의 매출을 의식하고 더 매출을 높이기 위해 노력합니다.

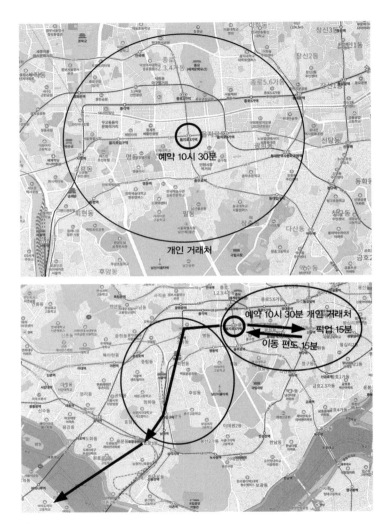

예약 10시 30분

개인 거래처

예약 10시 30분 개인 거래처

픽업 15분

이동 편도 15분

합짐할 수 있는 확률 90% 꿀팁

■ 합짐할 수 있는 확률 90% 꿀팁

첫 콜이 합짐을 좌우 합니다. 필자의 첫 콜의 우선순위는 바로 개인 거래처입니다. 전날 예약전화로 오전 몇 시에 픽업할지, 몇 시까지 배송완료일지, 몇 BOX인지 확인해주기 때문에 첫 콜을 잡고 점심시간을 활용하는 것이 핵심입니다.

예) 을지로 오전 10시 30분 개인 거래처 예약 콜 → 원효대교 지나가는 코스

오전 10시부터 원 표시의 반경 안에 같은 노선(도착지), 같은 공유 콜, 자사 콜을 잡아도 됩니다. 대신 개인 거래처 콜이 몇 BOX인지, 차에 어느 정도의 부피를 차지할지 확인해야 합니다. 그리고 10시부터 잡는 콜도 잡자마자 픽업지에 전화해서

"안녕하세요. oo가는 기사입니다. 10분 후면 도착해서 방문 드리겠습니다. 몇 층으로 올라가면 되나요? 혹시 물건 준비는 몇 층에 되어 있나요? 구르마 가져가야 하나요? 네 알겠습니다. 감

사합니다."

이렇게 통화하면서 몇 BOX인지 꼭 확인하고 개인 거래처와 합짐 가능한 부피를 확인하셔야 합니다. 이렇게 하시면 안정적으로 티 안 나게 2개를 합짐할 수가 있습니다.

개인 거래처 픽업 전에 합짐을 못했을 경우 노선이 한강대교 방향 이라면, 을지로3가 반경이 아니라 서울역 반경으로 콜을 잡으셔야 합니다.

도착지 방향으로 합짐을 해야만 배송시간이 크게 늘어나지 않습니 다. 만약에 10시 30분 이후 검정색 반경 신당역의 콜을 잡을 경우

을지로에서 신당까지 이동시간 15분,

신당역에서 픽업시간 15분(물건준비 안 되어 있으면+α시간),

신당에서 을지로 방향 이동시간 15분,

이렇게 총 45분 이상이 걸리며 11시 15분에 을지로에 원상복귀이 기 때문에 더 좋은 합짐을 할 수 있는 콜이 뜨더라도 포기하고 바

로 출발해야 합니다. 도착지와 반대방향 콜은 절대 건드리지 말아야 할 콜입니다. 필자도 처음에 일 배울 때 이 부분이 제일 이해하기 어려웠습니다.

"내가 지금 있는 자리에서 가까운 곳에 콜이 떴는데 왜 하지 말라는 거지?"

하지만 도착지와 반대 방향의 콜을 잡으면 큰 문제로 이어질 수 있습니다. 첫 번째 잡은 콜의 도착시간을 지키기 어려워지는 것이 제일 큰 문제이며, 첫 번째 퀵사무실에서 관제를 할 때, 도착지 반대 방향으로 움직이고 있으면 변명의 여지가 없습니다. 따라서 이런 상황은 꼭 피해야 합니다.

거리	출발지	도착지	차종	요금
신규	완료	잠금	GPS	OFF
12.2	3:20)김포공항	암사동	다	35
18.8	@김포운양동	빈차/하남천현·	다	40
50.0	X@1시상차)포ㄹ	양평동5가	다	36
71.3	@13:40/부발읍	2시간대기/하0	다	35

게시판		설정		메뉴
신규	완료	잠금	GPS	ON
거리	출발지	도착지	차종	요금
29.4	@1시10분/인천	구로동2곳,영등	다	45
44.5	@영통구 원천동	충남보령	다	90
185.4	@급/전주/봉동﹥	천안/성성동	다	130
185.4	@완주/봉동읍	천안/성성동	다	150
198.9	@1시후/안동옥﹥	경북영주	다	60

예약콜의 예시

■ 예약콜 활용하기

생각보다 예약 콜이 많습니다.

3:20분 김포공항 → 암사동 다마스 35,000원

픽업 거리가 12.2km 떨어져 있지만 시간적인 여유가 있고 자사 콜이기 때문에 3시 20분 전후로 콜을 잡을 수 있는 확률이 굉장히 높습니다.

김포공항-암사동 코스는 합짐 2개만 가능하며, 3시 20분 전에 잡던지, 3시 20분에 콜을 못 잡으면 3시 20분 이후 콜을 잡으려고 노력하시면 됩니다.(140쪽 그림 참고)

3시 20분 예약콜이라면 물건이 그 시간에 꼭 준비되어 있지 않습니다. 따라서 저는 2시 50분 정도에 픽업지에 전화를 합니다.

"안녕하세요. 3시 20분에 암사동 배차 받은 기사입니다. 혹시 몇 층으로 방문 드리면 되나요? 몇 BOX 정도 되나요? 구루마 필요하면 가지고 올라가려고 합니다."

"혹시 물건은 3시 20분에 픽업 가능한가요? 그전에도 준비되어 있나요?"

이렇게 안내 전화를 드리면 화주 입장에서는 '아 기사님이 배차 되었네'하며 기사 배차에 대한 걱정은 내려놓게 됩니다. 그리고 경험상 미리 준비 되어 있는 경우도 많기 때문에 2시 50분에 물건 준비가 되어 있는지 확인하고 3시에 픽업을 합니다. 그리고 3시 20분까지 PDA상 픽업체크를 안 하고 다른 콜을 대기합니다. 그럼 합짐할 수 있는 20분의 픽업시간을 확보하기 때문입니다.

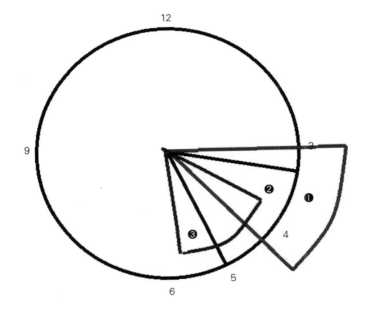

❶ 3시 공유콜 4시 30분 도착
❷ 3시 20분 자사콜 5시 도착
❸ 4시 공유콜 5시30분 도착

예약콜

■ 자신만의 노선을 갖는 것은 왜 중요한가

1. 예측 가능한 콜로 일을 할 수 있습니다.

6개월 정도 하나의 노선으로만 일하다 보면, 장부에서 일정한 패턴을 발견할 수 있습니다. 월요일 오전에 항상 나오는 콜이 있고, 화요일 오후에 항상 나오는 콜이 있을 수 있습니다. 이렇게 노선이 있어야 자기만의 데이터를 확보할 수 있습니다.

"오늘 여기가 나올 거 같은데…"
"어 진짜 나왔네~ OK~!"

한때 잡았던 콜의 물량, 콜사무실의 특성, 하차지 및 도착 시간 등의 데이터를 이용해서 합짐을 할 수도 있습니다.

2. 픽업 5분, 하차 5분이 가능합니다.

한 번 이상 방문하면 주차를 어디에 할지, 담당자는 몇 층에 있는지 물건 준비는 되어 있는 지, 물량은 어느 정도 되는지 경험을 해봤기 때문에 픽업과 하차를 빠르게 할 수가 있습니다. 픽업 시간,

하차 시간을 줄이면 줄일수록 합짐할 수 있는 시간이 확보되므로 합짐의 기회가 더 커지게 됩니다.

3. 고정 콜로 일을 할 수 있습니다.
픽업지 담당자에게 전화를 합니다.

"안녕하세요, 과장님. 제가 몇 번 같은 콜을 수행한 기사 일프로입니다. 매일 월요일 오전에 여기 근처에서 대기를 합니다. 하차지에도 문제없이 진행하겠습니다. 콜사무실에 배차할 때 라이더 1234번호로 배차 요청하시면 제가 가겠습니다."

이렇게 말씀드리고 배송을 합니다. 그리고 물건 배송을 마치고 나면 담당자에게 꼭 문자를 넣습니다.

"안녕하세요, 라이더 1234번호 기사 일프로입니다. 과장님께서 보내신 물건을 OOO대리님께 배송 완료했습니다. 좋은 하루 보내세요, 감사합니다."

담당자 입장에서 픽업 시간, 도착 시간, 그리고 배송 완료로 누가 받았는지 알림 문자를 받으면 다음 배송 건이 있을 때 같은 기사를 부를 확률이 높습니다. 발송인 입장에서 누가 받았는지, 언제 도착했는지 알아보려면 콜사무실에 전화를 하거나 기사에게 다시 전화해서 확인해야 하지만 배송완료 문자를 보내면, 발송인의 업무를 덜어주는 효과가 있습니다. 문자 메시지를 보내는 이유는, 다시 한 번 강조하지만, 일반적으로 통화하고 돌아서면 "누가 받았지?" 할 때 기억이 잘 나지 않는 경우가 많기 때문입니다. 자신을 홍보하는 데 있어서는 이렇게 문자 메시지로 배송 완료를 알려주는 게 지름길입니다.

"아, 1234번 라이더! 일 잘하니까 불러야지!"

이렇게 담당자에게 잘 보였다면, 그 콜이 떴을 때 가급적이면 수행을 하는 것이 좋습니다. 담당자가 고정 기사를 부르는데 한두 번 거절을 한다면, 다시는 그 일을 못하게 될 수 있습니다.

4. 배송 시간 단축이 가능합니다.

늘 다니던 길이라면 네비게이션을 안 보고도 요일별로, 시간별로 이동 시간 예측이 가능합니다. 물론 초행길보다 사고 위험률도 낮습니다.

5. 합짐의 확률이 매우 높아집니다.

항상 같은 시간대에 같은 장소에서 대기를 합니다. 한번 수행했던 콜이 같은 시간대에 뜨면 머릿속에서 코스가 정해지고 합짐이 가능한지 여부를 빠르게 판단할 수 있습니다. 네비게이션을 안 보고도 픽업 이동이 가능해져 시간 단축도 가능하고 물량도 예측이 가능하기 때문에 합짐할 수 있는 공간 파악도 예상할 수 있습니다.

■ 이어달리기 노하우

이어달리기는 물건 하나만 픽업 후 배송완료하기 때문에 민원으로부터 자유롭습니다. 고객이나 퀵사무실에서는 빠른 배송만 한다면 기사에게 문제 삼을 일이 없기 때문입니다. 그러나 매출의 한계가 있습니다. 하루 최고 매출을 찍을 수는 있어도, 평균 매출을 높이기에는 한계가 있습니다. 콜을 잡고 배송 완료하자마자 대기시간 없이 바로 콜을 잡고, 그 콜의 픽업지가 근방이고, 단가도 좋고. 이렇게 다섯 개의 콜을 연속으로 대기시간 없이 일할 수 있는 확률이 얼마나 될까요? 정말 운이 좋아야 가능합니다. 이어달리기는 운이 좋으면 하루 최고 매출을 낼 수 있지만 한 달 평균 매출을 높이기에는 한계가 있습니다. 이어달리기는 기준을 정확히 하고 콜을 잡으셔야 합니다.

1. 평균단가 및 그 이상만 수행

이어달리기는 하루 동안에 수행할 수 있는 콜의 수가 정해져 있습니다. 그 정해진 콜 수의 단가에 따라서 하루 매출이 좌우가 됩니다. 잡히는 대로 "똥콜" 구분 없이 잡으면, 몸만 힘들고 하루 매출이 적어질 수 있습니다.

예) 6콜×30,000원 = 180,000원

5콜×35,000원 = 175,000원

1콜당 수행 시간 90분

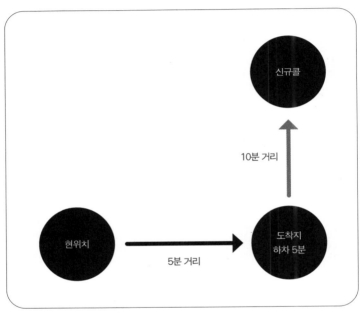

신규콜

10분 거리

현위치 → 도착지 하차 5분

5분 거리

물건 내리기 전 다음 콜 잡기

한 콜당 5천원 차이지만, 총매출의 차이는 5천원에 지나지 않습니다. 대신에 1콜을 덜 수행했기 때문에 5콜을 수행하면 90분이라는 시간이 남는 것입니다. 이 90분을 나눠서 대기시간으로 좀 더 쓰고 잡히자마자 콜을 수락하는 것이 아니라 "똥콜"을 과감히 버리고 좀 더 좋은 콜을 잡는 데 시간을 쓰셔야 합니다. 이것을 습관화하면 6콜*35,000원을 수행함으로써 21만원의 매출을 낼 수가 있습니다.

2. 배송료가 아닌 목적지를 보고 콜을 수락

배송 완료 후 다음 콜 잡는 대기시간을 최소화해야 매출을 조금이라도 높일 수 있습니다. 강남에서 남동공단 배송을 끝낸 후 다음 콜 잡는 시간과 강남에서 파주 헤이리 배송을 끝낸 후 다음 콜 잡는 시간 중 어느 지역이 다음 콜을 더 빨리 잡을 수 있을까요?

3. 배송 도착 10분 전부터 다음 콜 잡기 위한 노력

하차를 5분 만에 할 수 있는 능력이 있다면, 대기시간 없이 다음 콜을 바로 잡고 이동해야 합니다. 도착 5분 전에 콜을 잡으면 하차 5분과 신규 콜 이동 10분, 이렇게 총 20분 만에 신규 콜을 잡아 픽콜은 저를 기다려 주지 않습니다. 기사가 언제든지 콜을 수락할 준비를 해야 합니다. 배송 도착지에 도착해서 물건을 다 하차를 하고 신규 콜을 잡는 것이 아닙니다. 물건을 하차하면서도 다음 콜을 잡을 노력해야 합니다. 이것이 능숙해지면 도착하기도 전에 도착지 중심으로 뜨는 신규 콜이 있다면 먼저 잡아보고 네비로 예상시간을 꼭 체크해야 합니다.

업 들어가는 것이기 때문에 부담감이 덜합니다.

4. 네비게이션 상 추천경로, 또는 최소 시간 경로 (고속도로) 우선
배송 시간을 최소화해야 하루 콜 수를 더 늘릴 수 있습니다. 콜 수를 더 많이 수행하면 톨게이트비는 매출로 커버할 수 있습니다.

■ 야간 상차(야상) 노하우

노선이 있는 상태에서 야상은 고정매출에 큰 도움이 됩니다. 야간 상차는 콜사무실 직원이 퇴근한 상태에서 이뤄지기 때문에 미리 콜을 띄워 기사를 배차한 후 일이 진행되는 경우가 많습니다. 배송에 어떠한 문제라도 생기면 콜사무실이 큰 타격을 입기 때문에 믿을 만한 기사, 곧 매번 바뀌는 공유 기사가 아니라 자사 기사가 꾸준하게 일을 수행하는 게 좋습니다. 내 노선에 맞는 야상 콜이 꾸준히 나온다면, 그 콜사무실에 입사를 하여 콜의 2단계 자사기사로 일을 수행하시면 됩니다.

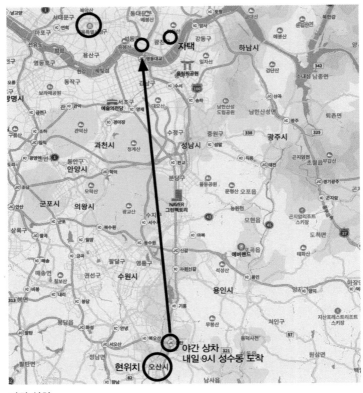

야간 상차

예) 자택은 광진구

　　노선: 종로 → 오산

　　장소/현시간: 오산/ 19시

　　(동탄 → 성수동 내일 9시 착/ 15BOX/ 인수증 fax:1234-5678)

야간 상차를 잡을 때는 꼭 자신의 기준에 맞는 콜이어야 합니다.

노선에 맞는 경우
노선이 종로 → 오산이라면 다음날 9시에 하차하고 종로로 가기 때문에 자신의 노선에 영향을 주지 않아서 맞는 콜입니다.

자택과 맞는 경우
야간 상차를 하고 자신의 자택 반경에 있는 콜을 받는다면 노선과 상관없이 맞는 콜입니다. 이때 확인해야 할 것은, 다음날 하차가 일을 시작하는 시간에 간섭을 주는지 여부입니다. 필자는 위 2개 기준 안에 들어오는 콜은 일명 "똥콜"에 해당하더라도 수행합니다. 이때는 "똥콜"이 아니라 "금콜"이 되기 때문입니다.

■ 근무 반경을 정해놓고 하나요?

꼭 노선이 없더라도 근무 반경을 정해두고 일하시는 것이 좋습니다. 콜을 잡히는 대로 한다면, 과연 이 콜의 배송료가 적당한지 알수가 없습니다. 도착지 또한 내가 가본 곳이 아니라면, 배송 완료후 30분~1시간 대기하다 콜이 없어서 다른 곳으로 빈차로 이동후 또 콜을 대기하면서 시간을 낭비할 수 있기 때문입니다.

■ '일프로님'의 노선을 공개할 수 있나요?

제 노선이었던 인천공항을 소개해보겠습니다. 인천공항의 장점은 아래와 같습니다.

1. 오토바이는 고속도로 진입을 못합니다. 다마스 차량은 오토바이 짐과 공유를 하기 때문에 고속도로를 꼭 타야 하는 인천 공항 등 오토바이가 배송할 수 없는 지역은 경쟁에서 높은 확률로 콜을 잡을 수 있습니다.

2. 서류, 소량 물건, 여권 등 오토바이 짐의 배송이 많습니다. 소량 짐은 어느 기사나 최고로 선호하는 배송 물품입니다.

3. 물류단지, 화물터미널에 입고를 하는 짐이 많습니다. 입고시간이 따로 정해져 있어서 같은 콜을 많이 해볼수록 화주와 자사 퀵 사무실의 신뢰를 얻어서 배송 시간에 맞춰 일할 수가 있습니다.

4. 배송료가 같은 거리의 타 지역보다 괜찮습니다.

그러나 공항의 특성상 단점도 주의해야 합니다.

1. 인천공항 배송 물건의 경우 늦게 배송하면 손해 배상을 청구하기도 합니다. 수출에 차질을 빚거나 여권을 제때 배송하지 못한 경우라면 큰 문제이기 때문에 하차지에 대한 정보가 불확실한 경우라면 급송 배송을 해야 합니다.

2. 하차지에 대한 정보 없이 합짐은 하지 않는 것이 좋습니다. 자칫 배송 시간에 차질을 빚을 수 있기 때문입니다.

3. 타 지역보다 배송료가 괜찮지만 톨게이트 비용이 발생합니다.

4. 인천공항에서 밖으로 나오는 콜을 기다리면 시간만 버리고 빈 차로 나올 확률이 높습니다.

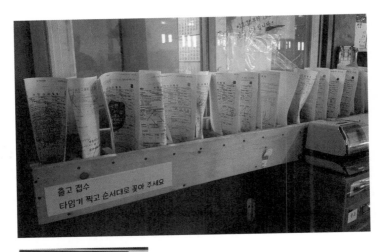

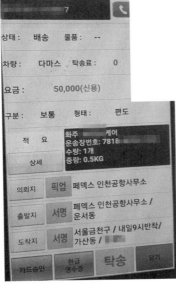

출고 접수

예) 강남 → 인천공항 5BOX 5만원 다마스

(배송 2시간+빈차로 송도 30분)

50,000원(배송료) − 11,500원(수수료23%) − 6,600원(왕복)
 − 10,000원(LPG)= 21,900원

빈차로 송도로 나왔다고 하면 2시간 30분 동안 번 수익은 21,900
원입니다.

5. 배송지가 정확한 주소가 아니기 때문에 오래 걸립니다. 화물터
   미널과 자유무역단지는 주소로 찾는 게 아니라 도착지 상호만
   가지고 배송해야 합니다. 도착지를 못 찾으면 30분은 그냥 헤매
   게 됩니다.

6. 화물터미널 통관 서류를 작성하여 물건을 직접 출고 하셔서 픽
   업해야 합니다. 해외에서 물건이 아시아나로 도착했습니다. 그
   럼 그 물건을 찾기 위해 필요한 서류를 기사님이 직접 받아서
   그 서류로 통관 서류를 작성 후 받아오셔야 합니다.

앞의 사진처럼 출고 접수 순서를 기다리고 물건을 받아 배송할 줄

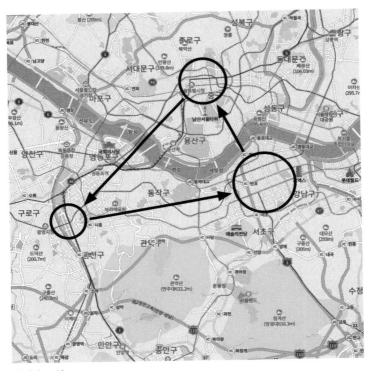

단거리 노선

아셔야 합니다. 이것이 단점이지만, 할 줄 아신다면 굉장한 장점으로 활용할 수 있습니다. 출고서류 작성 후 보통 30분~1시간이 지나야 물건을 찾을 수가 있는데 그 시간 동안 같은 방향 물건의 콜이 뜨면 잡아서 합짐을 할 수 있기 때문입니다.

■ '일프로'가 추천하는 황금 노선

단거리 노선

서울, 경기권이 주거지라면 종로, 강남, 가산동 코스를 추천합니다. 어플은 가격 2만원에 설정을 해두시고 도착지만 보고 콜을 잡습니다.

장점: 콜의 수요가 많기 때문에, 콜과 콜 사이에 공백을 줄일 수 있어 높은 매출을 올릴 수가 있습니다. 생각지도 못한 근거리 높은 단가도 곧잘 나옵니다.

단점: 콜 단가가 낮기 때문에 콜 수로 매출을 내야 합니다. 픽업 완료 건이 많을수록 피로도가 높습니다. 차량 정체도 피로도를

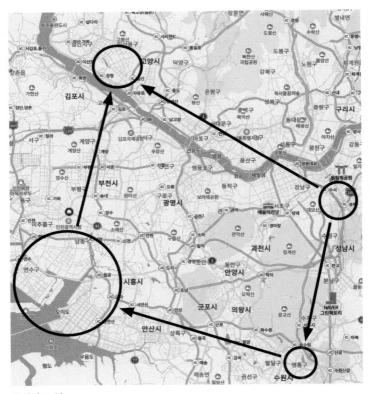

중거리 노선

가중시킵니다.

중거리 노선

이동시간이 최소 1시간 이상의 거리가 좋으며, 고속도로 톨게이트 주변 회사나 공장이 많은 곳이 포인트입니다.

일산: 회사와 공장이 적절히 있고 차가 상대적으로 덜 막히는 곳이며 고속도로 진입이 편한 장점이 있습니다.

논현고잔동, 시화공업단지: 산업단지 2개가 근처 있으며, 합짐할 수 있는 확률이 큽니다. 톨게이트 진입 및 출구는 시간대에 따라 정체가 있을 수 있으니, 처음부터 합짐하면 안 되고 많은 픽업과 거래처의 특성을 파악할 때쯤 자연스럽게 합짐할 수 있는 최고의 포인트를 노릴 수 있습니다.

수원 신동사거리: 필자가 자주 대기하던 곳은 디지털엠파이어 2차 빌딩 주변입니다. 삼성전자와 주변에 빌딩이 있으며, 고속도로와 가까운 장점이 있습니다.

성남 상대원동 산업단지 또는 문정동 타워밀집 지역: 문정동 타워 밀집 지역은 소량의 짐이나 서류가 많이 나오는 곳입니다. 고객님이 지

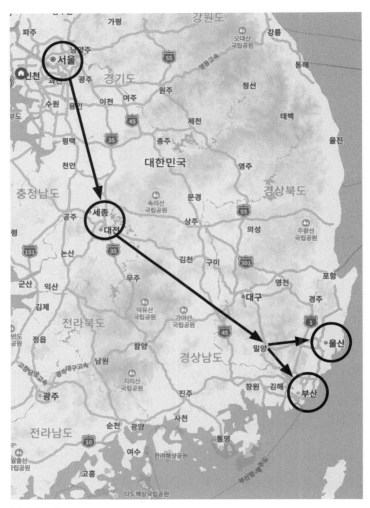

장거리 노선

하 문서수발실에 발송 물건을 맡겨 두면, 몇 시까지 배송 요청하라는 메시지도 있습니다. 픽업 및 배송의 스트레스가 덜합니다. 하지만 콜사무실에 꼭 몇 시까지 들어간다고 미리 안심 전화를 주는 것이 좋습니다.

특히 성남 상대원동 산업단지는 물량을 꼭 체크하셔야 합니다. 적은 짐도 있지만, 한 차 가득 보내는 짐이 다른 지역보다 평균 이상 나오는 곳입니다. 중거리 노선은 적은 콜 수로 하루 큰 매출을 낼 수 있는 장점이 있습니다. 여기에 합짐까지 한다면 매출을 극대화할 수 있습니다.

장거리 노선(초보x, 고수O)

서울 → 대전/천안 : 콜사무실과, 픽업지, 도착지에서 모두 도착 예정 시간을 알고 있어야 합니다. 서울에서 대전이나 천안을 내려갈 때 3콜 합짐, 올라올 때 1콜 잡고 올라올 수 있다면 베스트입니다. 거주지가 서울이면, 내려갈 때 합짐하고 빈차로 올라올 생각으로 일하셔야 합니다.

서울 → 울산/부산 : 콜사무실과 픽업지, 도착지가 모두 도착예정시간을 알고 있어야 합니다. 서울에서 울산이나 부산 내려갈 때, 3콜

이상이 가장 베스트입니다. 2콜 합짐도 배송료가 안 맞으면 몸만 고생할 수 있습니다. 이 노선은 편도이며 숙박(찜질방)을 해야 하기 때문에 순수익 즉 효율이 적습니다. 만약 1콜만 잡고 합짐을 못한 다면 큰 손해입니다. 따라서 장거리노선은 도착지를 확인해서 합 짐이 가능한 고수만 하셔야 합니다. 초보가 장거리 1콜 가지고 운 행하면 시간, 연료, 톨게이트비, 숙박비 지출로 남는 게 없습니다.

■ 일프로가 적극 말리는 픽업지

1. 백화점

백화점 주변에는 주정차 카메라가 많기 때문에 백화점 주차장을 이용해야 합니다. 백화점 주차장 진입은 이용 고객님으로 인해 서 행을 하며 화물 주차장에만 주차 가능합니다. 화물 주차장은 빈 공 간이 없을 정도로 복잡하며, 주차시간으로만 많은 시간이 허비됩 니다. 구루마가 있어도 접어서 고객용으로도 못 타게 하는 곳이 많 기 때문에 화물 엘리베이터를 이용해야 하며, 속도도 느리고 많은 기사들이 이용하거나 브랜드마다 재고 BOX를 옮기기 때문에 해당 층까지 많은 시간을 허비하게 됩니다.

매장도 한 번에 찾기 힘들며 픽업 후 화물주차장을 이용하여 주차 장까지 가는 시간도 많이 허비됩니다. 필자는 비 오는 날 명동 롯 대백화점에 픽업을 간 적이있는데, 1시간 걸린 적이 있습니다.

2. 지하철 지하상가

고속터미널 지하상가, 잠실 지하상가 등은 지하철 끝에서부터 반 대편 끝까지 상가가 있기 때문에 주차를 잘못할 경우 상가를 못 찾 고 헤매면 1km 이상을 뛰어다닐 수가 있습니다. 만약 들 수 없는 무게라면 구루마로 옮기기 때문에 시간이 더 오래 걸릴 수 있습니 다. 주차 또한 어디에 할지도 막막하며 픽업지와 최대한 가까운 곳 으로 주차하기도 실상 어렵습니다.

3. 인천항

인천항은 항상 큰 차(트레일러)들로 인해 차량 정체가 심한 곳입니 다. 신호대기도 다른 곳은 한 번이라면 인천항은 두 번을 받아야 할 정도입니다. 트레일러의 출발속도가 워낙 느리기 때문입니다. 픽업지도 초행길이라면 헤매기 쉽고, 픽업할 물량도 평균 이상 무겁고, 수량도 많은 경우가 비일비재합니다.

4. 인천공항 화물터미널, 자유무역

주소보다 블록 이름이나 회사 상호로 찾아가야 하는 곳입니다. 블록 이름 안에서도 수십 개의 회사가 있다 보니, 창고와 사무실이 분리되어 있는 경우도 많아 한 번 헤매면 기본 30분입니다.

■ 톨게이트비가 발생해도 국도보다 고속도로 우선

퀵서비스 사업에서 '시간은 곧 매출'입니다. 고속도로 톨게이트비 아끼는 돈보다, 최대한 빨리 배송 완료를 하고 남는 시간은 콜을 대기하고 잡는 데 써야 합니다. 콜은 기사를 기다려 주지 않습니다. 언제든지 자신을 콜을 수행할 수 있는 상태로 유지해야 합니다.

■ 배송료를 자신의 노선에 맞게 설정하면, 매출에 큰 도움

자신의 노선에 맞는 최저 운송료를 설정하면 그 이하는 보이지 않습니다. PDA에서 운송료를 45,000원으로 설정했을 때 그 이상 콜이 나오기 전까지 공백란으로 보입니다.

45,000원 콜이 떴을 때 도착지가 자신에게 맞는 콜이라면 재빠르게 터치하여 콜을 잡습니다. 장점은 45,000원 보다 낮은 콜들이 안 보이기 때문에 콜이 없더라도 흔들리지 않고 자신이 원하는 콜을 기다리다 잡을 수 있습니다.

어플창에 가격이 낮은 콜들이 계속 뜨고 사라지는데 내가 원하는 콜이 1번째 칸이 아닌 3~4째 칸에 뜬다면, 집중해서 잡기 어렵습니다.

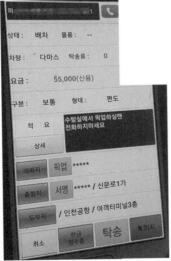

문서 수발 장면

■ 서류, 소량짐일 확률이 많은 곳은 어디?

문서수발실입니다. 고층빌딩 1층에서 보안대를 통과해야 하는 곳이라면, 소량의 서류일 확률이 굉장히 높습니다. 이곳에서 퀵을 보낼 때는 1층에서 만나서 물건을 받을 때도 있지만, 대부분 담당자께서 지하 문서수발실에 물건을 맡기고 그곳에서 퀵을 부르는 경우가 많습니다.

■ 매출의 핵심 중 하나, 점심시간을 활용하라

예) 현재시간 11시 15분 종로 → 수원 5BOX

픽업지에 가서 픽업하고 상차하면 11시 30분 정도입니다. 그리고 도착지에 전화를 합니다.

"안녕하세요. 종로에서 5BOX 픽업한 기사입니다. 도착 예정 시간이 12시 40분 정도인데, 혹시 점심시간이 1시까지면 그때 하차해도 될까요?

합짐이 어려울 정도로 짐이 꽉 찬 경우

이렇게 도착지에 물어봅니다. 창고나 사무실 직원이 물건을 받는 경우면 점심시간에 물건 받기를 불편해할 수도 있습니다. 이렇게 도착지에 먼저 물어보고 1시에 하차해야 한다고 하면, 그 다음에 픽업지와 콜사무실에 전화를 합니다.

"안녕하세요. 종로에서 수원 가는 기사입니다. 도착지에서 1시까지 점심시간이라 1시에 하차하기로 했습니다. 걱정하지 마세요."

11시 반부터 12시까지 수원 방향 합짐 콜을 기다리고 잡으시면 됩니다.

■ 전화 통화만으로 합짐 가능한 짐인지 파악 능력

2개 픽업하고 3개째 픽업 갔을 때 물건을 못 싣는다면, 시간은 시간대로 허비합니다. 3번째 콜을 합짐 시도하다 캔슬한다고 하면 어느 누구도 용납이 안 됩니다. 그래서 전화 통화만으로 짐량을 확인할 줄 아셔야 합니다. 그래서 해봤던 콜 위주로 하면 합짐 가능

장부작성의 예

여부를 알 수 있습니다. 내 차의 빈 공간 여부도 감을 키우셔야 합니다.

■ 장부를 작성하는 습관을 들여야

콜을 수행한 내역은 언제든지 조회가 가능합니다. 장부는 콜을 수행할 때마다 적는 것을 추천합니다. 하루 동안에 내가 움직인 동선이 장부만 보고도 확인 가능하기 때문입니다. 작년 장부를 꺼내 보더라도 한 콜 한 콜 모두 기억할 수는 없지만 그날 콜 잡은 순서를 체크하면, 그날 일들을 기억할 수 있습니다. 픽업지의 위치, 담당자 위치, 픽업시간, 물건 수량 등을 외우지 않아도 되며, 다음에 콜을 잡을 때도 기억하기 쉽기 때문에 장부 작성은 무조건 도움이 됩니다.

요일	7/1 월 10시	7/1 월 13시
콜사무실	ABC콜	DEF콜
출발지	Korea상사/수송동 1-1	Asia상사/천안 백석동
도착지	천안 불당대로	강남 언주역
특징	3BOX, 콜 잡자마자 전화옴	10롤, 도착지 / 16시 안까지 요청
요금	9만 100km	9만 89km

1. 한 달 목표 매출을 내는 데 큰 도움

목표를 설정해 놓고 일을 하면 할수록 경험과 노하우가 생기면서 원하는 매출을 빨리 찍고 퇴근할 수 있습니다. 장부를 보며 스스로 빨리 퇴근하기 위해 나쁜 습관을 버리는 데 큰 도움이 됩니다.

2. 장부를 보면 하루에 어떤 코스로 효율적으로 일했는지 객관적 파악 가능

현장에서 일을 할 때 "일이 없네, 이거라도 해야지!"라는 상황이 많습니다. 이럴 경우 노동력 대비 적은 매출로 일하는 습관이 몸에 배일 수 있습니다. 그러나 장부를 계속 쓰다 보면 "아! 오늘 내가 왜 이 콜을 잡아가지고 고생을 했지? 다음부터 이런 콜 안 해!!"라는 콜을 잡는 기준이 명확해 집니다.

3. 금콜은 금콜을 부르고, 똥콜은 똥콜을 부른다

필자의 컴퓨터에는 그동안 일했던 수천 장의 사진들이 저장되어 있습니다. 대부분 금콜을 수행한 사진들입니다. 물론 똥콜을 수행하는 일도 꽤 많지만 금콜을 수행한 자료는 사진으로 저장합니다. 이렇게 장부와 사진으로 금콜 관련 자료들을 저장해두면 어느새 금콜만 나오는 퀵사무실들에 입사를 하고 금콜로만 일을 하는 시스템으로 돌아가게 됩니다.

4. 콜사무실마다 특징을 정확하게 파악

콜사무실A : 작은 짐 위주

콜사무실B : 항상 계산서 요구

콜사무실C : 픽업지에 물건이 준비 안 된 경우 많음

장부를 습관적으로 오래 쓰다 보면 믿고 콜을 잡아도 되는 콜사무실과, 믿고 거르는 콜사무실의 특징이 나옵니다. 나름대로 콜사무실의 등급을 나눌 수 있는 기준이 생깁니다.

■ 추가 배송료를 받는 방법

일단 콜을 잡으면 도착지 당담자에게 방문시간을 미리 전화로 알려준 후 방문합니다. 이때, 물량 확인을 해서 자기가 생각한 것보다 많은 분량의 짐이나, 상하차를 혼자 해야 한다면 당담자와 통화를 하기 전에 바로 콜사무실에 연락해서 상담하는 것이 좋습니다.

기사: "안녕하세요. ABC 상사 콜 잡은 라이더 1234 일프로 기사입니다. 픽업지 전화해보니 30BOX고 저 혼자 다 상하차를 해야 한다고 합니다. 추가 5000원 가능한가요?"

콜사무실: "네, 제가 ABC 상사에 전화해서 가능한지 알아보겠습니다."

이렇게 콜사무실과 전화로 상담한 후에 추가 요금을 받을 수 있다면 콜을 수행하고 그렇지 않을 경우에는 빠른 판단으로 콜을 취소하는 게 상책입니다.

콜사무실과 통화를 할 경우에는 픽업지 담당자가 안 보이는 곳에 가서 하는 게 좋습니다. 추가 요금에 대한 조정을 하지 않은 채 짐을 차에 싣는 순간, 추가 요금 요청은 받아지지 않는다고 봐야 합니다.

4.
상황별
대처 요령

■ 동승은 장점보다 단점이 많은 콜!!

동승은 물건을 픽업할 때, 화주가 직접 탑승하여 물건 하차할 때 같이 내리는 것을 말합니다. 보통 동승이라고 미리 공지가 되어 있다면, 추가 요금 5,000원이 책정 되었다고 판단하시면 됩니다. 동승 공지가 없는 상태에서 픽업할 때, 화주 등이 동승해야 한다고 한다면, 추가 요금을 더 받고 콜을 수행할지, 아니면 캔슬할지를 빠르게 판단하셔야 합니다.

단점

1. 동승은 일반 요금인데 배송은 급송으로 해야 합니다. 조수석에 사람이 타 있는 상황에서 합짐을 할 수 없기 때문입니다.

2. 먼저 픽업해 둔 물건이 있고, 두 번째로 픽업 왔는데 두 번째 콜이 동승일 경우 무조건 동승했던 물건 먼저 하차를 해야 합니다. 결국 첫 번째 픽업했던 물건이 더 늦게 배달될 수 있어 문제가 생길 수 있습니다.

3. 동승하는 동안 불편하게 운전하게 됩니다. 흡연자라면 이동시간에 강제 금연을 하게 되며, 화장실을 들리거나 라디오를 듣거나 모든 게 눈치가 보이기 때문입니다.

4. 도착지 근처에서 다음 콜을 잡거나 또는 다음 콜 픽업자와 통화하기가 눈치 보입니다. 동승한 사람의 입장에서 보면 자신의 물건을 아직 하차하지도 않았는데, 기사가 다른 콜을 잡고 자신의 물건을 빨리 하차하려고 한다는 기분이 들기 때문입니다.

5. 동승시 교통사고가 난다면, 보험처리 등 번거로운 문제가 생길 수 있습니다.

이 모든 단점을 감수하고 동승을 한다면 퀵사무실에 미리 전화를 합니다.

"안녕하세요. 라이더 1234기사 일프로입니다. 픽업하는데 동승한다고 합니다. 추가 요금 부탁드리겠습니다."

모든 걸 감수하고 동승하기로 했다면,
퀵사무실에 전화를 해서
동승의 추가 요금 1만원을 요구합니다.
받아들여지면 좀 더 괜찮은 가격에 일을 수행하는 것이고,
안 받아들여지면 단점이 많은 콜이기 때문에
캔슬한다고 생각하시면 됩니다.

동승의 기준은 픽업 배송완료 2시간 이내 정도 콜이 좋으며, 추가 요금은 5,000원 정도입니다.

■ 오후 6시 이후 콜은 출발 전 도착지 담당자와 꼭 통화를 해야!

1. 많지 않은 경우지만, 도착지에서 물건을 받는 걸 모르는 경우가 있습니다. 도착지에 거의 도착을 했을 때 받을 사람이 없거나 도착지가 외진 곳이라 맡길 곳도 없다면 아주 난감한 상황입니다. 도착지의 상황은 언제 어떻게 바뀔지 모릅니다. 따라서 출발할 때 물건이 몇 시 정도 도착 예정이란 것을 도착지에 미리 알려서 받을 준비를 하게 해야 합니다.

2. 드문 경우입니다만, 배송하는 물건이 저녁에 당장 필요한 것이 아니라 다음날 아침에 쓸 물건일 수도 있습니다. 이때는 저녁 퇴근시간의 차량 정체를 무릅쓰고 힘들게 배송하기보다 도착지 담당자와 통화하고 당일 저녁에 배송할지 다음날 몇 시까지 배송할지 조율하는 것이 좋습니다. 필자는 인천공항 화물터미널

에서 통관이 늦어져서 나온 물건을 배송한 경험이 있습니다. 저녁시간이라 도착지에 받을 사람도 없고, 다음날 필요한 물건이어서 도착지와 퀵사무실에 통화를 해 상황을 설명하고 다음날 콜을 수행했습니다.

3. 지게차로 픽업한 물건일 경우 오후 6시 이후 배송은 필히 도착지에 통화를 한 후 출발해야 합니다. 도착지에 받을 사람이 있다고 해도 픽업을 지게차로 한 물건은 지게차로 하차해야 하기 때문에 도착지에 지게차가 없다면 큰 낭패를 볼 수 있습니다. 지게차가 있다고 해도 지게차를 다루는 직원이 퇴근했을 경우도 있습니다.

■ 주차비가 발생할 경우1

모든 픽업에 주차가 필요합니다. 그렇다고 모든 픽업지에서 주차비를 주진 않습니다. 그렇다면 주차비 청구 및 처리의 기준은 뭘까요? 대부분의 기사들은 픽업지에서 주차비가 발생하는 경우 주차비를 받아야 한다고 생각합니다. 가령 강남 무역센터 픽업의 경우 대로

변에 주차하고 픽업을 간다고 해도 건물에서 나와서 대로변까지 구루마로 옮길 수가 없습니다. 대로변도 주차 카메라 때문에 과태료가 나오기 때문에 주차장을 이용해야 합니다. 건물 지하 주차장에 주차하고 화물 엘레베이터로 픽업할 시 아무리 짧게 걸려도 10분 이상 걸립니다. 이런 곳은 픽업을 완료하고, 주차장 영수증을 핸드폰 카메라로 촬영을 하고 콜사무실에 전화를 합니다.

"안녕하세요. 1234번 기사입니다. 무역센터 픽업하고 나왔더니 주차비가 3천원이 나왔습니다. 주차비 넣어 주시나요?"
"그럼 탁송료로 부탁드리겠습니다. 주차 영수증 보내드릴 테니, 받으실 전화번호 남겨주시면, 문자드리겠습니다. 감사합니다."

이렇게 주차비를 꼭 받으셔야 합니다. 3천원이 무슨 큰돈이냐고 귀찮아하거나 혹은 받는 것인지도 모른다면 한번 계산해 보겠습니다.

예) 무역센터 40층 30BOX → 수송동 25,000원

주차비 안 받았을 때	25,000원 − 23%(수수료) − 3,000(주차비)	16,250원
주차비 받았을 때	25,000원 − 23%(수수료)	19,250원
주차비 받고 추가 요금	25,000원 − 23%(수수료) + 5,000(추가 요금)	24,250원

주차비를 내 돈을 주고 봉사할 이유가 없습니다. 내가 받을 거 당연히 받는 것입니다. 꼭 탁송으로 받으시고, 이런 주차비를 받는 것을 습관화하셔야 합니다.

필자의 경우 이런 콜을 잡으면, 바로 픽업지에 전화해서 몇 BOX인지 확인하고, 30BOX를 확인하면 바로 콜사무실에 추가 5,000원을 요청합니다. 추가 요청이 받아들여지지 않으면 바로 콜을 캔슬합니다. 무역센터 30BOX이면 주차하는 시간부터 30BOX 상차하는 시간만 해도 30~40분 정도 걸립니다. 따라서 그 시간은 5,000원으로 당연히 보상을 받아야 합니다.

필자가 만약 25,000원에 수행할 경우는 딱 한 가지입니다. 콜을 잡고 픽업지에 전화했을 때, 지하 하역장에 물건이 준비되어 있다고 하면, 추가 요금 없이 바로 진행합니다.

누구에게는 "똥콜" 16,250원, 누구에게는 "금콜" 24,250원이 될 수 있습니다. 그 기준을 세우는 것은 기사의 몫이며 직접 기사가 만들어야 합니다.

■ 주차비가 발생할 경우2

빌딩과 오피스텔은 주차권과 주차도장을 챙겨야 할 경우가 많습니다. 픽업하는 데 5분이 안 걸린다면, 주차 과태료의 부담이 굉장히 적어집니다. 픽업이 2, 30분이 넘어간다면, 아무리 안전한 골목길이라고 해도 누군가의 신고로 인해 주차단속에 걸릴 수 있습니다. 오피스텔, 빌딩 등에 픽업을 갈 경우에는 주차장 경비 아저씨께 미리 양해를 구합니다.

"아저씨, 여기 1902호 픽업 왔는데, 잠시 5분만 주차해도 될까요? 빨리 픽업해서 차 빼겠습니다."

이렇게 말하면 주차를 허락해주는 경우가 많습니다. 도장이나 주차 쿠폰을 받아야 할 경우에는 반드시 픽업할 때 미리 챙겨야 합니다. 깜박하고 챙기지 못했을 경우 픽업지에 다시 올라간다면 그만큼 시간이 더 걸리고, 그냥 나간다면 주차비를 내야 하기 때문에 어떻게든 돈이나, 시간 둘 중 하나는 손해를 보게 됩니다.

자기만의 노선이 있으면 주차단속의 부담이 적습니다. 내가 모르는 동네를 간다면, 주차를 어디에 할지 고민하다가 결국 "여기에 주차를 해도 되나!" 반신반의하면서 불법주차를 하게 됩니다. 하지만 내가 항상 가는 동네라면 어디에 불법주정차 카메라가 있는지, 어디에 주차하기 편한지 경험이 쌓이기 때문에 주차단속에 걸릴 확률이 적습니다.

■ 주차단속 과태료 피하는 방법

다마스는 트렁크를 열어두고 픽업을 갈 수 있습니다. 번호판이 트렁크에 부착되어 있어서 결국 번호판이 위로 향하기 때문에 차량 번호판이 노출되지 않습니다. 또한 라보나 1톤일 경우에도 화물적 재함을 열면 적재함이 번호판을 가리게 되어 있습니다. 기존의 많은 기사분들도 이런 식으로 단속의 위험을 모면합니다.

한편 대로변에 주차할 때는 주차단속 카메라가 있는 경우가 많습니다. 이런 경우에는 가급적이면 대로변에 주정차를 하지 않고 이면도로나 주차장을 이용하시는 편이 아무래도 현명하겠습니다.

■ 기피하는 짐, 선호하는 짐

기피하는 짐

파손의 우려가 있는 짐은 물건을 하차하고 모르는 번호로 전화 오는 순간까지 불안하게 만듭니다. 타일 같은 경우 워낙 무겁고 방지턱의 충격에 파손이 나더라도 포장지를 다 뜯고 확인할 수가 없는

핸드폰 수량

경우입니다. 포장이 제대로 되어 있지 않은 유리 제품 또한 고정할 곳이 마땅치 않아 기피하게 됩니다.

또한 제가 직접 픽업 갔을 때 물품은 핸프폰이었고 수량 파악을 위해 10분 동안 개수를 두 번 확인해야 했습니다. 포장되어 있지 않은 TV 등 전자제품 또한 배송하고 난 후 문제 제기를 할까봐 마음이 편하지 않았습니다.

선호하는 짐

서류 봉투 및 소BOX입니다. 빠른 픽업과 빠른 하차가 가능하기 때문에 효율이 높은, 최고의 짐입니다.

■ 짐을 가져가거나 올려 달라는 경우

대부분의 고객이나 콜사무실에서는 다마스, 라보, 오토바이 짐은 기사님이 상하차를 직접 하는 것으로 알고 있습니다. 하지만 물량이 차량 한가득 있고, 엘리베이터가 없는 곳은 기사 혼자서 수작업을 하기가 매우 힘듭니다. 그래서 콜을 잡고 물량을 확인할 때,

세탁물

한 차 가득이면, 퀵사무실에 추가 요금을 요청하고 안 받아지면 픽업지나 하차지에서 "상하차 도와주시나요?"라고 체크해야 합니다. 추가 요금이 포함된 금액이라고 판단되면, 아쉬운 소리 안 하고 직접 하는 것이 좋습니다.

■ 세탁물 배송을 할 때

병원 및 헬스 세탁물은 세탁 전문업체에 의뢰합니다. 일을 막 시작한 초창기 때 물건 확인을 안 하고 픽업지에 도착했는데 확인된 물량은 병원 세탁물이었습니다. 외부 포장도 안 되어 있어서 다마스 바닥에 깨끗한 BOX를 구해다 세탁물을 실었습니다. 세탁물을 수작업으로 가득 채워서 픽업하는 데 40분이 걸렸습니다. 픽업을 40분 후에 눌러도 콜사무실에서는 아무 연락이 없습니다. 왜냐하면 여기 픽업 들어가면 기본 30분 이상이라는 것을 알기 때문입니다. 미리 내용물을 확인했다면, 추가 요금을 요청하 든지 캔슬하든지 했을 콜이었습니다.

픽업 전 사진 남기기

핸드폰 배송 시 케이스 사진 남기기

■ 픽업 전, 배송 시 사진을 꼭 남기는 습관은 일종의 보험

픽업 전 픽업사진은 기사님을 보호하는 최고의 보험입니다. 위 사진은 파손 경고 스티커도 있기 때문에 혹시나 저 상태로 물건을 배송할 때, 책임을 물어야 하는 상황이 발생할 수 있습니다. 픽업 전 사진을 찍어 퀵사무실에 보내고 상황을 충분히 공유한 다음 픽업을 하셔야 합니다. 혹시 비오는 날에 픽업할 때도 BOX가 젖었다면 픽업 시 사진을 충분히 확보해두어야 합니다.

■ 핸드폰 배송 시 케이스 사진은 필수

핸드폰 대리점마다 재고를 다 가지고 있지 않습니다. A매장에 고객님이 어떤 모델을 원하지만 재고가 없을 때 B매장에서 픽업해서 배송해야 할 상황이 있습니다. 이때는 케이스 외관 및 바코드까지 전부 사진을 찍어둡니다. B매장에서 물건을 잘못 보냈거나 착오가 있을 때 대비하기 위한 방편입니다.

■ 픽업지에 고객이 안 계실 때 대처 방법

픽업지에 도착했는데 고객이 안 계실 때는 꼭 통화 후 물건을 사진으로 확인하고 픽업하시는 습관을 가져야 합니다. 픽업지에 도착했을 때 가령 물건이 연두색 통인지 검은색 통인지 헷갈릴 수 있습니다. 만약 임의로 픽업 시 하차지에서 물건이 바뀌었다는 걸 알면 기사가 왕복 배송비를 책임 질 수 있습니다.

■ 대형마트 배송도 퀵서비스의 주요 수입원

필자가 대형마트 픽업하는 기준은 딱 하나입니다. 1집 당 1만원입니다. 대형마트에 가서 담당자 만나 물량 확인하고 차에 순서대로 싣는 것도 기본 30분 이상 걸립니다. 배송코스를 지도별로 체크하고 배송 순서를 만들고 시작을 해야 최대한 시간을 줄일 수 있습니다. 이렇게 해도 생각보다 시간이 오래 걸리기 때문에 1집 당 단가가 좋을 때만 하는 것을 추천해드립니다.

픽업 시 요령은 배송집마다 사진을 찍어서 물건이 섞이는 것을 방지해야 합니다. 집집마다 배송할 물품을 보고 찾으면 오래 안 걸리고 사고 없이 안전하게 배송할 수 있습니다.

■ 공사현장 물품 하나하나 확인이 안 될 때

건설 자재물 픽업 시 수량 파악도 어렵고 물품명도 확인이 안 될 때는 픽업 시 사진을 촬영하고 도착지에 도착해서 물건 하차하기 전에 담당자에게 픽업 사진을 보여주고 하차하면 안전하게 배송할 수 있습니다.

■ 지갑 배송 시 유의 사항

호텔에서 분실한 지갑을 퀵서비스로 보내는 경우가 종종 있습니다. 이런 경우, 가령 안내데스크에서 픽업하면서 데스크 담당자가 보는 앞에서 내용물을 다 꺼낸 뒤 사진촬영을 한 다음 지갑을 분실한 고객에 사진을 미리 보내고 출발하시면 안전하게 배송할 수 있습니다.

■ 픽업 및 배송이 늦을 때 대처 요령

픽업이 늦을 때

"안녕하세요. 천안 가는 기사입니다. 제가 픽업지 근처에서 길을 헤매고 있습니다. 픽업은 늦더라도 배송완료는 ○○시까지 가능할 거 같습니다. 괜찮을까요?

라고 도착지 시간을 고객님께 미리 말씀드리고 안심시켜 주시면 됩니다.

배송이 늦을 때

도착 20분 전에 하는 것이 아닙니다. 예상 도착시간보다 늦을 거 같으면 최대한 빨리 고객에게 전화를 해서 현 상황을 말씀드리고 실제 도착 가능한 시간을 말씀드리는 것이 현명합니다.

■ 일이 잘 안 풀리는 날

콜이 잘 안 잡히면 시간이 갈수록 심리적 부담감으로 스트레스가 점점 커집니다. 그래서 현 위치와 좀 더 멀리 있는 픽업지의 콜을 무리하게 잡고 진행하려고 합니다. 결국 퀵사무실과 픽업지에서 늦게 픽업 온다는 전화를 받기가 일쑤고 점점 스트레스가 쌓여 콜 잡기가 힘듭니다. 이렇게 아무 콜이나 구분하지 않고 "똥콜"도 잡아 수행하면 매출 역시 안 나오게 됩니다. 필자의 경험상 원인은 시간이라고 생각합니다. 초보에서 고수가 되기 전까지는 시행착오를 할 수밖에 없습니다. 매일 매일 콜은 같아도 상황이 달라지기 때문에 그에 따른 대처 경험이 부족해서 스트레스를 받을 수밖에 없습니다. 고수가 될수록 마음을 비우는 것이 가능합니다.

"아, 오늘 콜 안 잡히네! 한 달 중 하루일 뿐이야. 일년 중 오늘 하루 운 나쁠 뿐이야."

조급할수록 사고가 날 확률이 많기 때문에 최대한 마음을 비우고 그날 하루 매출의 목표를 내려두고 일하는 방법이 최고입니다.

■ 배송시 차량 펑크가 날 경우

펑크 수리하는 시간과 퀵을 다시 불러 픽업되는 시간을 예측해봅니다.

1. 펑크 수리를 하기로 마음먹었다면, 퀵사무실에 전화로 상황 설명을 합니다.

   "안녕하세요. 라이더 1234번기사입니다. 도착 30분 남기고 타이어가 펑크가 났습니다. 수리는 30분이면 가능할 듯합니다. 도착지와 통화하고 진행할 테니 양해 부탁드립니다."

그리고 바로 도착지에 통화를 하고 보험 출동이나 주변 가까운 카센터부터 검색하여 타이어 수리를 시도합니다.

2. 펑크가 난 곳이 외진 곳이라 타이어 수리가 오래 걸릴 경우 퀵사무실에 바로 전화하여 다른 기사를 배차합니다. 이때는 내가 콜을 수행 완료하지 못했기 때문에 캔슬 처리가 되어 수입은 없습니다. 오히려 펑크로 인해 약속된 시간을 지키지 못했기 때문에 문제제기를 한다면 감수해야 합니다.

■ 배터리 방전은 미리미리 대비해야

다마스와 라보에는 오토라이트 기능이 없기 때문에 지하주차장을 이용할 때, 수동으로 라이트를 켜고 꺼야 하는데 깜박할 때가 있습니다. 결국 하루 종일 라이트를 켜고 운행하면서 픽업이나 대기 중 또는 물건 하차할 때 시동을 끈 상태로 일정시간이 지나면 방전이 됩니다. 차량이 빈 차라면 콜을 잡는 것을 포기하고, 보험 출동이나 동네 카센터를 이용하면 됩니다. 그러나 차량에 짐이 실려 있는 상태라면 문제가 다릅니다. 고객과의 신뢰가 걸린 문제일 수 있기 때문입니다. 따라서 이런 상황을 대비하기 위해 차량용 점프 스타터를 항상 구비해 두시면 좋습니다.

다마스 차량일 경우 짐칸에 실내등이 있습니다. 이것도 끄는 것을 깜빡해서 하루 종일 운행하다 시동을 끄고 대기하다보면 방전될 수 있습니다. 겨울철에는 아침에 시동 자체가 안 걸릴 수도 있습니다. 방전은 보험 출동 등 외부의 힘을 빌리지 않고도 미리 점프스타터를 준비해두면 언제든지 바로바로 해결할 수 있는 문제입니다. 인터넷 쇼핑몰에서 쉽게 구매가 가능하고, 구입시 가급적이면 배터리 용량이 큰 것을 추천합니다. 핸드폰 보조배터리로도 쓸 수가 있어 효율적입니다.

■ 조수석에 짐을 실을 경우 대처법

짐칸에 더 이상 물건을 못 실을 때나 물건을 고정할 때는 조수석을 이용합니다. 이때, 안전벨트를 맨다면 물건 파손을 방지할 수도 있고, 조수석 백미러도 가리지 않게 할 수 있습니다.

■ 구루마를 잃어버렸을 때

필자도 구루마를 잃어버린 적이 두 번이나 있습니다. 픽업할 물건이 한 차 가득일 때는 물건을 싣기 위해 구루마를 밖에 빼놓고 작업을 하게 됩니다. 정신없이 물건을 싣다가 급한 마음에 물건만 싣고 출발할 수 있습니다. 구루마를 잃어버린 것을 인지하는 순간 오늘 하루 픽업했던 장소에 모두 전화를 걸어 구루마 유무를 확인하고 따로 보관 요청을 한 다음 찾으면 됩니다. 구루마 카트는 말 없는 또 한 명의 동료입니다.

■ 갑자기 폭설이 내렸을 때

다마스와 라보는 후륜구동이라 눈길에 취약합니다. 평지에서도 약간의 오르막이 있다면 아주 힘들게 올라갑니다. 빈차라면 폭설이 가라앉길 기다리면 되지만, 픽업 후 이동 중일 때 폭설을 맞는다면 도로 한가운데 고립될 수가 있습니다.

해결 방법은 스노우체인이 최고입니다. 겨울철에는 눈이 오지 않더라도 차량에 항상 구비해 두고 비상시 대처하시면 됩니다. 대로변일수록 제설작업도 빠르고 눈도 빨리 녹는 편이기 때문에 가급적 골목길은 피하고 대로변으로 이동하길 권합니다.

폭설로 인해 도착시간이 늘어날 경우 도착지에 꼭 통화를 미리 하셔야 합니다.

"안녕하세요. 배송기사 일프로입니다. 지금 폭설로 인해 도착예정 시간이 3시간이 더 늘어나고 있습니다. 혹시 급하신 물건이신가요? 저도 최대한 빨리 배송하고 싶은 마음이지만, 차량이 눈길에 취약해 더 늦어질 수도 있습니다. 혹시 급하신 물건이면 중간 지점에서 만나면 빨리 받아 보실 수 있습니다."

천재지변으로 인한 지연 배송은 책임 문제가 되지 않습니다. 하지만, 배송시간이 오래 걸린다면 기사님 입장에서 큰 손해이기 때문에 상황을 파악하고 대처한다면 손실을 줄이고 한 콜이라도 더 잡을 수 있습니다.

■ LPG 게이지가 반 이하로 떨어지기 전에 충전하는 습관

LPG충전소는 주유소보다 적기 때문에 빈차로 대기하거나 이동 중일 때 충전하는 습관을 가지셔야 합니다. 픽업 후 도착지로 이동 중일 때 LPG 충전 등이 뜬다면, 목적지가 아니라 충전소를 찾아 헤매게 됩니다. 시간도 허비하고 배송 지연의 문제를 만들 우려가 있습니다.

■ 다마스와 라보는 1단 기어로 출발

퀵 일을 하시는 분들의 차량을 볼 때 클러치 상태가 굉장히 안 좋은 경우를 많이 목격했습니다. 반클러치를 많이 쓰거나 2단으로 출발하는 습관 때문에 클러치가 너무나 무겁습니다. 이런 차량은 운전 피로도를 가중시켜 조금만 운전해도 피로감이 극도로 쌓이게 됩니다. 차량 또한 클러치로 동력 전달이 완전히 끊어진 상태에서 변속하는 게 아니라서 나중에서 미션까지 교환하게 됩니다. 처음부터 1단으로 출발하고 반클러치는 사용하지 않기를 권합니다.

■ 고속도로 톨게이트 출구를 잘못 나왔을 경우

제일 먼저 퀵사무실에 미리 전화해야 합니다. 관제를 하고 있기 때문에 오해를 할 수가 있습니다.

"일프로 기사님! 도착지로 안 가고 어디 가시는 거예요?"

도착지와 약속된 시간 안에 도착한다면 괜찮지만, 시간이 더 걸린다면 도착지에 빨리 전화해서 상황을 설명한 후에 배송하셔야 합니다.

■ 현금 10만원 정도는 항상 구비

선불, 착불일 경우 잔돈을 바꿔줘야 하는 상황은 항상 있습니다. 요금은 4만원인데 고객이 5만원을 주신다면, 잔돈을 바꿔주기 위해 시간이 또 늘어나게 됩니다. 실시간 계좌 이체를 할 수도 있겠지만 늘 가능하지는 않습니다. 가령 인천공항에서 물건을 받는 사람이 외국인이고 출국하시는 분이였습니다. 당연히 계좌이체가 안 되는 경우라 잔돈을 바꿔주기 위해 시간을 허비해야 했습니다. 이처럼 도착지 상황은 아무도 모릅니다. 미리 판단하지 마시고 미리미리 준비하는 습관을 가지셔야 합니다.

■ 돗자리가 있으면 좋은 이유

싸고 얇은 돗자리는 비 오는 날 물건을 하차할 때 덮어서 사용하기 좋습니다. 이러한 작은 준비가 고객 감동으로 이어지고, 결국 다시 찾아주는 기사로 기억될 수 있습니다.

■ 에어컨 성능 두 배 내는 방법

다마스와 라보는 전면의 유리 면적이 커서 더운 여름날 에어컨을 켜도 실내 온도가 쉽게 내려가질 않습니다. 만약 조수석의 송풍구를 휴지나 테이프를 이용해서 막으면, 여름철 큰 효과를 볼 수 있

에어컨 성능 높이기

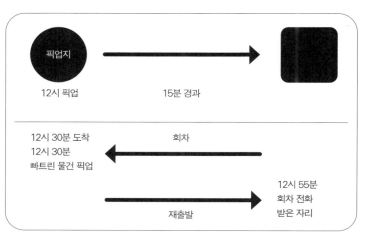

물건을 빠뜨린 경우

습니다.

■ 배송 중 픽업지에서 물건을 빠뜨렸다는 연락을 받으면?

"기사님 멀리 가셨어요? 죄송한데 다시 와주시면 안 될까요? 출
발한지 10분 정도밖에 안 됐잖아요?"

이렇게 15분을 줄여서 10분 정도라고 말한다면 출발한지 얼마 안
됐으니 다시 와 달라는 뜻입니다. 하지만 기사 입장에서 볼 때 회
차해서 빠뜨린 물건 다시 픽업하러 돌아가는 순간 최소 40분을 허
비하게 됩니다. 회차의 기준은 개인 거래처, 자사 콜일 경우로 한
정하면 좋습니다. 만약 공유 오더로 잡은 콜이라면 회차하지 않는
다는 기준을 적용하는 것이 좋습니다.

에필로그

퀵서비스는 능력제입니다. 자신이 노력한 만큼 수입으로 돌아옵니다. 매출을 높이기 위한 고민을 하면 할수록 매출로 보상이 돌아옵니다. 따라서 이 사업에 대한 프로의식을 가진 사람이 한다면 그만큼의 성과와 결실을 맛볼 수 있으리라 확신합니다.

어느 직종이든 포화 상태입니다. 그러나 그중에서도 상위 1%의 매출을 내는 사람은 있기 마련입니다. 퀵서비스 사업을 시작한다면 상위 1%에 도달하기 위한 목표 의식을 갖고 시작하면 좋겠습니다. 일을 하면서도 이 직업을 수행하는 자신에 대한 자부심을 갖고 일해야 합니다. 콜사무실과 고객의 관계에서도 이런 자부심이 있어야 인정을 받고 만족감을 얻을 수 있습니다.

물론 어느 업계나 마찬가지입니다만, 퀵서비스 업계에서도 개선할 부분이 많습니다. 특히 고무줄처럼 늘어났다 줄었다 하는 요금체계의 개선이 필요합니다. 화주가 콜을 접수할 때 픽업지에서 도착지까지 네비게이션 상의 거리로 요금을 보장하는 최저 배송료 보장제가 필요합니다. 여기에 짐의 수량, 날씨, 배송시간 등 할증 요인을 체크해서 정당한 운임료를 받을 수 있어야 합니다. 안타깝지만 현재로서는 그런 시스템이 없기 때문에 기사 개개인이 능력을 높이는 방법밖에 없습니다.

매출을 늘려서 돈은 벌고 싶다면 노력하셔야 합니다. 콜이 안 잡힌다고 불평만 할 게 아니라 잘 잡을 수 있도록 고민해야 합니다. 짐이 많아 힘들다고 불평할게 아니라 추가요금을 받고 일을 하셔야합니다. 도착지에 사람도 없고 착불이라 이도저도 못해서 시간을 허비하지 않을 수 있도록 대책을 강구해야 합니다. 퀵기사님들은 누구나 똑같은 환경에서 일을 하고 있습니다. 노력하시면 그만한보상을 받을 수 있는 업종이 퀵서비스입니다.

감사합니다.